AF399505

När själen kvittrar

E.T.N-son

Omslag: E Thomas Nilsson

Förlag: BoD – Books on Demand, Stockholm, Sverige
Tryck: BoD – Books on Demand, Norderstedt, Tyskland

ISBN: 978-91-7969-793-8

Denna bok har skrivits tusen gånger. I mitt huvud skrevs det för första gången för mycket länge sedan. Den är redan en succé, och det är jag oerhört tacksam över. Jag blir glad när jag tänker på den och jag blir euforisk när jag tänker på hur den har tagits emot av de som läser den. Det är en försäljningssuccé och jag åker runt och signerar den överallt i Sverige och efter att den blev översatt i 28 olika språk åker jag jorden runt och föreläser och signerar böcker.

Tack för det.

Detta är en affirmation eller en förklaring på en vision. En tänkt verklighet.

Det är så det börjar. I alla fall för mig. Jag tror att det är så det börjar för de flesta. I alla fall för de som får det gjort. Skillnaden på mig och de som får ännu mera gjort är att denna föreställningsfas tar väldigt lång tid. Jag är nu, vid 59 års ålder, mera taggad att få saker gjorda än jag varit på otroligt länge.

Denna bok skrevs, i mitt huvud, redan som tonåring. För mera än 40 år sedan skulle naturligtvis inte den skrivits på just det sättet eftersom erfarenheten har format den år från år.

Men att en, eller flera, böcker har skrivits tusentals gånger är ett faktum – i min fantasi.

Jag har alltså skrivit texter hela mitt liv, men de som skrevs för 30 – 40 år sedan låter jag ligga stilla tills vidare.

Att föreställa sig boken innan den är skriven är starten för att få den gjord. Att föreställa sig den med ett enormt mottagande, översatt i 28 språk och som succé, är att ge den åtminstone en chans.

Ett uttryck som kommer till mig emellanåt är "Om inte själen kvittrar då du tänker på vad du ska göra så gör det inte". Alla texter jag skrev för länge sedan, kanske kvittrade själen, kanske sjöng det i hjärtat en stund, men inte för hela processen, inte för färdigställandet av en bok. Denna gång kvittrade det hela vägen.

Angående att tänka

Angående det som rör sig i mitt huvud. Jag vet att jag trott att jag kontrollerar det, men det gör jag inte.

Tänker jag mina tankar? Tänker tankarna mig? Är jag mina tankar? Ska jag ta ansvar för dem? Är de ens mitt ansvar?

Jag tror att tankar kan röra sig fritt och att jag inte behöver ta ansvar för dem. Jag tror att om jag övar mig på att tänka på ett visst sätt så kan jag bli bättre på det men jag kan inte bemästra det till fullo. En del tankar kommer oavsett hur mycket jag övar eller inte.

Det kanske inte handlar om att kontrollera dem? Det kanske inte handlar om att öva sig på hur att tänka utan hur att förstå att förhålla sig till sina tankar?

Varför tycks detta vara viktigt för mig? Kan det vara för att mina känslor tycks vara påverkade av mina tankar? Är de det? Är det kanske tvärtom, att mina tankar är komna ur mina känslor?

Många av mina tankar tycks komma av erfarenhet, och upprepningar. Det är ofta att jag upplever att jag tänker tankar som har med erfarenheter som redan är upplevda att göra. Hur ska jag kunna sluta med det? Det är oftast de tankar som är obehagliga. Hur blir jag av med dem?

Bevisligen så tänker vi samma tankar idag som vi tänkte igår till väldigt hög procent. Någon har sagt 90 procent och kanske ännu mera. Det blir som rutin att tänka och därmed göra samma saker dag efter dag. Visst ser väl våra dagar ganska lika ut? Vaknar ungefär samma tid och startar dagen på ungefär samma sätt. Det kallas vanor och det är vi människor specialister på.

Men hur kan vi förändra vanor och därmed tankar? Eller om det är tvärtom? Någonstans måste ett beslut tas, ett beslut grundat i en lust att få till en förändring. Denna tänkta förändring bör kännas som ett steg i rätt riktning. En tro om att något blir bättre av denna förändring.

Allt vi övar oss på blir vi bättre på. Vad övar du dig på? Vad praktiserar du ofta, dagligen? Om du får samma känsla till dig ofta så kanske du kan påminna dig om vilka tankar eller händelser som föregick denna känsla. Upplever du att det finns mycket att reta sig på, mycket att irritera sig på? Då kan det vara så att du övar dig på att se på saker som händer med ett dömande. Du ger det som händer en värdering som känns obehaglig, irriterande. Upplever du däremot att du ofta träffar trevliga människor, då övar du dig på att se det bästa i andra.

Detta sker inte alltid medvetet. Snarare sällan att det sker medvetet. Men när du medvetandegör detta så har du öppnat en dörr, en dörr som inte kan stängas igen – aldrig.

Livets väg

Har jag gjort rätt? Har jag valt rätt väg? Gjorde jag
ett misstag? Hur skulle det vara om jag gjorde
annorlunda?

Du är där du är på grund av alla de val du gjort i
ditt liv. Inte bara de beslut om vilken väg du tog,
de beslut du tog i en given situationen, utan även
på grund av de känslor du hade. De värderingar du
hade var bland annat orsak till de yttre
omständigheter du tillät dig att påverkas av, och
ta hänsyn till, vid alla de situationer som du
skapat. Men även är du där du är idag på grund av
den värdering du har idag, den energin du är just
nu när du reflekterar över var du är och hur du har
det.

Om du hade gjort på ett annat sätt, vid det tillfället i ditt minne som du reflekterar över, skulle du varit på en annan plats då? Ja, men inte enbart på grund av de beslut som gjorts utan mera på den energin du är i då du reflekterar över din situation.

Om du hade valt annorlunda skulle du säkert reflektera över den situationen som då vore och ställa dig samma frågor. Gjorde jag rätt eller gjorde jag fel?

Den situation som tycks råda råder på grund av vad du är i för energi *nu*, på grund av den värdering du har om det som tycks vara nu.

Hade du valt annat, hade du gått en annan väg, hade jag bott kvar i Stockholm eller Malmö, hade jag stannat hos henne eller kanske henne istället för att följa den tillfälliga känslan och flytta, så hade mitt liv sett annorlunda ut helt klart. Men hade det varit mer rätt eller fel? Jag skulle förmodligen ändå ställa mig frågorna "Gjorde jag rätt?", "Hur skulle det vara om jag gjorde annorlunda?", "Var det meningen att det skulle bli så här?".

Jag är säker på att om jag skulle gjort annorlunda skulle jag, i vilken situation jag än kan vara i istället, fråga mig "var det meningen?". Jag är också säker på att jag skulle komma fram till att "Ja, det var det".

Din väg, livets väg, är den som tas. Din väg, den rätta vägen, är den som du väljer. Du har aldrig gjort ett enda misstag i hela ditt liv. Det har aldrig skett ett enda misstag i hela universum någonsin. Du kan se på det så som att du är vägledd, men också att du fattar beslut, vägleder dig själv, via alla sinnen, via alla energier, som förstås just där och då.

Hade du gjort annorlunda skulle det också vara din väg, ditt liv, och meningen med det du kallar livet.

Det är en del som säger, då man frågar hur det kom sig att hon eller han hamnade där de är, att det bara blev så eller att det var slumpen. Det du kallar slumpen är, enligt mig, en vägledning. En vägledning som ges men också en vägledning, ett tecken, som uppfattas av dig. Du är mottaglig för det som ska tas emot. Du är mottaglig för de beslut som ska fattas. Du tillåter dig påverkas av de krafter du påverkas av. Det finns andra krafter samtidigt men de tycktes du inte reagera på eftersom du inte var mottaglig för det just där och då.

När du tänker tillbaka så kan du tro att du gjorde misstag men allt som hänt är endast att du fattat ett beslut utifrån de alternativ du förstod, de alternativ du uppfattade, där och då. Om du tittar tillbaka på ett beslut och inte håller med dig själv, alltså ångrar dig i din handling då det begav sig, beror det på att där du är nu är i en situation där du ser fler alternativ eller uppfattar, är mottaglig för, något du inte uppfattade då det begav sig.

Du kan tycka att alternativen som fanns då det begav sig var de enda alternativ som fanns och att du inte hade ett val, men du har alltid ett val. Det finns alltid ett val, men det du valde var din väg just där och då, och eftersom du valde det var det den rätta vägen.

Om du anser att du gjorde fel så beror det endast på att du har vuxit ifrån den som var du då beslutet togs.

Du blir, med mera insikt om dig själv, mera öppen för flera eller andra alternativ. Du upplever mera att du väljer själv då din självinsikt, och därmed din självkänsla, är tydligare och starkare.

Klandra dig aldrig. Det finns erfarenhet, lärdom, insikt, att hämta ur vilken situation som helst. Det motstånd du tycker att du går igenom är många gånger vägen till en större självinsikt, en större erfarenhet, än om du hade valt en väg, ett beslut, med mindre motstånd.

Kontrasterna är konstanta. Lösningen på ett problem är större ju större problemet tycks vara. Det lagras upp mera energi i andra änden, i kontrasten, då du upplever att det du tycks vara i känns stort.

Vi säger ju ofta att problem är till för att lösas men jag menar att problemet är för lösningens skull. Det finns otaliga lösningar som så gärna vill visa sig men aldrig får chansen om inte problemet dyker upp. Omfamna problemet, erkänn det och tillåt lösningen visa sig. Det gör du lättast genom att inte hålla fast vid problemet. Har du väl erkänt det så är det registrerat, bekräftat, och processen är igång. Problemet är inte samma energi som lösningen men det leder till lösningen. Att älta problemet gör att du inte tillåter lösningen visa sig. Frågan är inte samma energi som svaret men kan ändå innehålla delar av svaret och därmed visa vägen.

Många gånger kan det vara så att du inte nöjer dig med en liten lösning på ett litet problem, även om det händer hela tiden och hur ofta som helst, utan att du kräver ett stort problem för att uppfatta den stora lösningen, och därmed den större självinsikten om dig själv. Innebär ofta att katastrofen, traumat, olyckan, sjukdomen, är det mest livsförändrande händelserna som "väcker" dig till nya insikter och beslut som förändrar din syn och uppfattning på livet. Jag vet flera som tackat diagnosen, skadan, vännens bortgång eller liknande för att vakna till ett mera omtänksamt, omhändertagande och även kärleksfullt liv.

De värdering vi lägger på en händelse går att ändra på under livets gång. Om du fastnat i den första uppfattningen om en händelse så kan det ge dig ett långt lidande. Även det lidandet kan vara en orsak till ett förändrande beslut. Smärta, fysisk eller emotionell, är väldigt motiverande till förändringar, handgripliga eller tankemässiga. Se bara till att du fattar besluten till handling eller värdering då du mår så bra som möjligt och helst så bra att själen kvittrar.

Om du ändå gör livsförändrande beslut i obehagliga känslor kommer kanske den nya situationen inte kännas så värst mycket bättre än den förra. Det i sin tur ger säkert motivation till nästa beslut och nästa. Du kommer märka att den energin du ger en situation är den som kommer ur situationen.

Klandra dig aldrig, det du håller på med är att ge dig själv erfarenhet.

Attraktionslagen

Jag är mycket familjär med Attraktionslagen men jag är en teoretiker i förståelsen av den. Jag lever med den, jag lever i den, men jag har inte tidigare agerat med den så som jag på senare år förstått att göra.

Hur många gånger som helst har det sagts till mig att agerandet är det avgörande för att få det gjort. Logiskt kan man tycka, men jag är en varelse inte en görelse.

Nu vet jag inte om denna känsla är en ursäkt för att inte göra, det kan det absolut vara. Det kan vara skrämmande att göra. Kanske är det en rädsla för att bli bedömd, då i negativ mening, som gjort att jag dragit ut på att göra det och varit nöjd med att fantisera om det. Glädjen har varit tillräcklig med fantasin just med att skriva denna bok – tills nu, i skrivandets stund.

Det kan naturligtvis vara så att jag är rädd för att misslyckas men kanske lika rädd för att lyckas. Att skriva en bok är väldigt utlämnande, blottande, och öppnar upp för bedömning från andra. Vem är jag om jag gjorde stordåd? Kanske skulle effekten av att göra något som blir fiasko eller succé förändra mig. Vem blir jag då? Kanske är förändringen skrämmande hur gärna jag än vill ha den?

Hur som helst. Tack för att fantasins tillfredsställelse inte har räckt längre än hit och tack för att den har lett hit.

Jag skulle kunna ha förbannat denna idé om att inte behöva göra för att det ska ske. Denna övertygelse om att jag skapar min verklighet genom att vara den som passar in i den värld jag vill leva i. Övertygelsen som jag just nu har om Attraktionslagen innebär att jag sitter och mediterar, fantiserar, övertygar mig, om en värld, ett liv, som jag är lycklig över och agerande skall endast ske med full inspiration, glädje och lust, annars inte.

Om inte själen kvittrar när du tänker på att göra det, gör det inte.

Detta sätt att se på Attraktionslagen har skapat ett och annat men har också hindrat mig för att få saker gjorda. Jag tror absolut på att den skillnaden på att tillåta saker hända och få saker gjorda är två energier i samma anda och har sin effekt båda.

Attraktionslagen har i sin förklaring reducerat ifrågasättandet av densamma. Allt du ger energi får energi. Allt du ger fokus manifesteras. Dina tankar, känslor, din energetiska frekvens, det som är du, skapar verkligheten.

Beviset av Attraktionslagen kan vara det att motsatsen inte går att bevisa. Det gör ju att alla har rätt, eller hur? Det är alltså ingen mening med att försöka hitta "sanningen" utan snarare skapa "sanningen".

Då så. Ifrågasätt dina övertygelser. Ifrågasätt dig själv. Ställ dig frågan om varje sak du tror på - Gynnar min tro mig? Om inte, byt tro. Ändra din fundamentala övertygelse.

Men vänta lite nu, det fattas något.
Attraktionslagen – fyra bokstäver in i ordet börjar ordet aktion, som betyder "gå till handling".

Attraktionslagen innebär kanske inte enbart att i din fantasi föreställa dig en känsla som ger dig en fundamental övertygelse om en sanning som gör att du passar in i det scenario du vill vara i. Det kanske innebär även att agera efter din fundamentala övertygelse?

Denna övertygelse jag har om att själen ska kvittra då du föreställer dig vad att göra och att annars låta bli kan vara helt sann.

Stopp där!

Hur många gånger har jag följt den övertygelsen? Om jag har gjort saker som inte fått min själ att kvittra, så har jag ju inte, i sanning, trott på att vänta tills "själen kvittrar". Saker och ting ska göras och alla saker som görs är inte så glädjefulla så att jag känner eufori. Det har ändå varit bra att få dem gjorda – eller?

Hur mycket inspiration behövs för att göra saker? Kanske ingen alls. Vänta inte tills euforin, glädjen, känns. Bara gör det du över huvud taget känner det minsta för att göra.

Stopp igen!

Känn efter först att det du känner för att göra inte direkt gör ont eller ger dig ångest, oro, ilska, frustration. Gör inte allt du vill göra då du känner vrede eller uppgivenhet. Försök först komma i en skönare känsla. Den skönare känslan får dig oftast att göra annat.

Hur många gånger har jag gjort saker i oro, ilska, frustration, ångest? Alltför många gånger. Kanske ska jag bara agera då det känns som hjärtat sjunger och själen kvittrar? Absolut, det vore fantastiskt att få vara i den känslan att bara ha stor lust till allt man gör. Om livet inte ser ut så hela tiden – ifrågasätt dig själv.

För att vara en skapare, att manifestera, till det du vill ha är inte att önska, det är att vara. Universum, Gud, änglarna i himlen, svarar inte på det du hoppas på, det du säger att du vill ha. Det du önskar är inte hos dig, är inte du. Det du uttrycker att du vill ha bekräftats saknat i ditt liv, i din upplevelse av det du kallar din verklighet. Gud, all energi, känner inte igen sig i din upplevelse av brist och kan alltså inte ge dig det du önskar eftersom du önskar något som du känner att du saknar. De kan däremot bekräfta din upplevelse – saknad och fortsatt brist.

Du skapar vad du är inte det du inte är. Du skapar det som är det otvungna, det självklara, okonstlade, naturliga – ibland innebär det att just detta är det upplevt saknade. Det du är när du saknar skapas, inget annat. Det Gud och allt som vägleder dig kan ge dig i denna stund då du känner att du saknar är mera av samma energi, samma som det som skapar din saknad.

I din känsla, upplevelse, av saknad kan du dock få vägledning i form av motivation som börjar med visioner om det du vill ha. Dessa visioner, tankar, är endast skapande om de är så övertygande att de ger dig en känsla som motsvarar då visionen är verklig.

För att du ska kunna övertyga universum, all energi, om din vision, kan du inte tycka illa om det som redan är, det som tycks vara i din verklighet. Du kan inte hata, fördöma, peka hånfullt, på det du vill bli av med och tro att du kan få något annat.

Du behöver vara det du är – kärlek.

Om det du har är också det du vill ha så ta det inte för givet utan uppskatta det. Tacksamhet är den bästa skaparen av den verklighet du vill vara i. Var stolt och tacksam för det du har även om du vill ha mera av samma sak. Om du har en känsla av att vilja ha mera av till exempel pengar, du har lite men vill ha mera, så är tacksamheten till det du har viktigt. Om du lägger energi på de pengar du inte har, de pengar som tycks saknas just där och då, så kommer flödet av pengar knappast öka snarare minska.

Agerandet är dock viktigt för att flödet ska öka. Om du sitter och mediterar över din tacksamhet av det du redan har med en baktanke om att öka ditt flöde så är du ändå fokuserad på de pengar, eller annat, du inte har och på bristen, saknaden av dem. Du kan inte lura energin. Du är vad du är. Du kan inte ändra på något genom en dold agenda. Du kan endast ändra på det som är i ärlighet och i accepterandet av den goda intentionen – att ge dig det du är i det naturliga överflödet.

När du är ärlig och i samklang med den goda intentionen så är inspirationen till vad att göra där. Då har du lust till att agera rent praktiskt. Detta kallas motivation. Om det du gör i denna känsla också förstärker den känslan så är du på rätt väg. Känslan av att tiden flyger då du gör det du innerst inne vill göra kommer av att du är så fokuserad att inga yttre omständigheter har lyckats avbryta dig.

Energi är allt som finns. Det finns inte ett enda litet utrymme i dem materiella världen eller den emotionella världen eller någon annan form av värld, som inte är energi. Allt som är, allt som existerar, är också integrerat, sammanlänkat med allt annat som är. Det innebär att allt är påverkat och påverkar allt annat. Det är alltså ingen separation. Tron om separation är en illusion. Ingenting är separerat från något annat.

Din intension som gör att själen kvittrar och får dig att agera påverkar omgivningen. All energi har en puls, en puls som inte stannar i din närhet. Dina fysiska sinnen är inte alltid så effektiva att du märker de förändringar som sker från långt håll. Om du övar på det blir du naturligtvis bättre men i regel så känner vi inte av varandra medvetet på så värst långt avstånd. Energin kommer ändå att ge sin puls i all evighet och hur långt som helst. Det du startar fortsätter och det du startar därefter fortsätter och så vidare. Du kan inte ändra på det som redan är men du kan, när som helst, starta något annat.

Hur många gånger har du observerat din verklighet och velat ändra på den? Säkert många gånger men det som är kan, som sagt, inte ändras. Du behöver göra något annat för att nästa upplevda verklighet ska vara på annat sätt. En ny intention, en ny känsla, en ny energi som får själen att kvittra och ge dig motivationen att agera, att gå till handling. Det är vad som krävs för upplevelsen av förändring.

Kom då också ihåg att om du startar en negativ energi, en obehaglig våg av tankar och agerande, i ilska, hat, missunnsamhet eller annan rädsla, är det inte lönt att försöka ändra på den utan låt den bara gå. Starta en annan energi med en skönare känsla. Det är en prövning eller åtminstone en övning att släppa den obehagliga energin och tillåta något mindre obehagligt eller rent av något behagligt men det du gör regelbundet blir du bättre på.

Vi i Sverige känner säkert till en kvinna som fick saker gjorda för länge sedan, Birgitta Birgersdotter 1303 – 1373. Hon skapade Birgittaordern bland annat. Inom den religiösa världen blev hon så uppskattad att hon fick utmärkelsen ”Helgon”. Heliga Birgitta lutade sin självkänsla och tro på det hon kallade Gud och tog hjälp av det i sina beslut. Hon, som de flesta religiösa människorna, ansåg sig vara separerad från Gud så när hon tvivlade på sin egen förmåga att fatta besluten bad hon Gud att hjälpa henne – Herren, visa mig vägen och gör mig villig att vandra den. Hennes bön innehåller inte bara önskan om vägledning utan även motivation till agerande.

Denna bön har jag själv använt mig av många gånger.

Kan vi börja om?

Visst anser vi att vi är där vi är på grund av var vi varit, eller hur? Är vad du gör, var du är och hur du mår, ett resultat av vad du gjort, var du varit och hur du mått? Kan vi i så fall ändra på det? Tänk om vi kan börja om?

Tänk i så fall att nästa steg inte beror på eller är ett resultat av det föregående.

Fundera på varför du vill ändra på vad du gör, var du är eller hur du mår. Att ändra på vår historia är kanske inte så lätt men att ändra på vad vi har för värdering om vår historia är fullt möjligt.

Du kanske har hört uttrycket; Det är aldrig för sent att få en bra barndom.

Fundera först på varför du vill ändra på det som är nu. Trivs du inte med det som är? Mår du dåligt? I så fall är det just dessa känslor som gör att du vill förändra saker och ting, då i tron om att det är tidigare händelser som är orsaken till ditt mående. Det är alltså de obehagliga känslorna som motiverar dig till att vilja förändra.

Tacka dina obehagliga känslor. Utan dem blir du kvar.

För att starta om, i möjligaste mån, så behöver vi nollställa oss. Utgå från så nära noll och ingenting som möjligt. Är det möjligt? Vet inte, och någonstans tror jag inte att det är det, men vi försöker.

Meditation, är det första verktyget vi tar till här. Sätt dig eller lägg dig bekvämt. Ta några djupa andetag för att balansera syret i dig och för att få ner pulsen lite. Ni vet säkert att om ni skulle hyperventilera så ska ni andas i en papperspåse, eller hur? Det är inte för att få mera syre utan för att få mera koldioxid i kroppen. När du hyperventilerar får du för mycket syre och ditt pH-värde blir åt det sura hållet. När du andas i en påse så andas du in den koldioxid du har andats ut och balanserar mängden syre i kroppen och därmed får ner pulsen. Innebär inte att du behöver andas i en påse nu då du vill ha ner pulsen utan bara att du ger kroppen chansen att släppa taget. Det är som att störa den normala andningen och rysta om kroppen lite för att den sedan ska hitta balansen själv.

Jag kan ofta i denna meditation ha ögonen öppna. Jag hittar en fläck, eller snarare en antifläck, en liten yta i väggen som inte ger mig något intryck. Se ut en yta som är neutral och fäst blicken på den så koncentrerat som möjligt. Ta in så lite av detta ingenting som möjligt. Låt din blick vara det enda sinne som får din uppmärksamhet just nu. Du hör ingenting, du doftar ingenting, du känner ingen smak eller kroppslig känsel. Endast denna lilla obetydliga yta av ingenting är det du tar in i din medvetenhet.

Här kommer nu nollkänslor, ingen emotion, du håller på att kalibrera dig. Sitt eller ligg i detta nollintryck så länge som möjligt och bara var, bara existera. I detta nu har du ingen etikett.

Jag påstår att vi är alla ett som föreställer oss vara en man eller kvinna, gammal eller ung och så vidare. Som om allt är guld, en enda stor guldklimp och att någon tar en bit guld och gör en ring och en annan bit guld och gör ett halsband till exempel. Denna ring är guld men tror sig vara en ring och halsbandet är bara guld men tror sig vara ett halsband. De låter sig identifiera sig som en ring och ett halsband men är endast guld. Jag påstår att vi alla är Gud, kosmos, energi, och tror oss vara separerade individer som skiljer oss från varandra men egentligen är vi ett. Vitsen med att tro sig vara separerad individ är för att egot spelar en roll i din resa mot att lära känna dig. Du kommer förändra frågan "Vem är jag?" till "Vad är jag?" i denna förståelse.

När du suttit eller legat den stund du klarade av utan störning känner, åtminstone jag, som att jag kalibrerat mig, nollställt mig. Nu, när jag åter tar in mina övriga sinnen så väljer jag en tanke och känsla. Tacksamhet, kärlek, frihet, är det jag väljer. Sakta klarnar alla sinnen i den känsla jag valt och du kan se världen med otvungna ögon.

Denna meditation gör jag både nu och då. Inte för att jag nödvändigtvis mår mindre bra eller behöver bli av med något, en känsla eller annat, utan bara för att starta om. En omstart, påstår jag, är bra både nu och då.

Tror dock att vi är färgade av vår historia mer eller mindre och att den fria viljan endast är relativ. Då menar jag att vi tar med oss värderingar från erfarenheter som avgör våra beslut om nästa steg i livet. Så om du upplever att du verkligen startar om från noll med denna meditation vill jag gratulera dig och då har du lyckats fantastiskt bra.

Gå nu vidare och medvetet skapa din verklighet – i möjligaste mån. Var dock noga med att vara i den känslan du vill att din verklighet skall vara i. Allt du vill ha vill du ha för att må så bra som möjligt. Om du önskar dig mera pengar, en friskare och starkare kropp, bättre relationer, eller vad det än är så vill du det för att du är övertygad om att du mår bra av det. Du skapar inte genom önskan du skapar genom att vara den som redan har; i känslan av det självklara. Önskan bevisar din brist men känslan av att redan äga bevisar, rent energetiskt, att du har. När du har får du en känsla och det är den känslan du vill leva i samt det är den känslan du vill ska skapa, skall manifestera materia, alltså den upplevda verkligheten, sanningen. Det är alltså då du passar in i den energetiska frekvensen av det du vill ska vara verkligheten som verkligheten inte kan visa dig annat än just det.

Dina fysiska sinnen är registrerande av det som redan är manifesterat så du behöver föregå dina fysiska sinnen med en övertygelse som ger dig vetskapen om att äga innan du kan smaka det, innan dina ögon ser det, innan dina öron hör det och innan din hud kan känna det. Du behöver då inte föreställa dig en hög med pengar eller en friskare kropp utan bara känslan det skulle ge dig. Universum kommer visa dig det som motsvarar din energetiska frekvens. Kanske kan det vara något annat än en stor hög med pengar men garanterat något som ger samma känsla. I regel är din önskan en relativt låg nivå av vad som är möjligt för Gud, för kosmos, att ge dig, så därför kan det du får många gånger vara bättre än det du önskat.

Vad är känslor?

I din innersta sanning där den klokaste *du* är, där är du fri. Där är du den du är innerst inne. Där är du lycklig och kärleksfull. Där är du bara du. I detta är du i samklang med det visaste, det klokaste, mest intelligenta, som är.

I detta är du helt överens med kosmos lagar, helt frekvent i linje med alltets energi. En del kallar detta för Gud, universum, kärnan eller alltet, ja, det finns flera namn på detta.

Jag använder ordet Gud ibland lite motvilligt, dels för att jag inte kallar mig religiös men även för att jag träffat många som kallar sig religiösa och har gett mig intrycket av att tvivla på Gud eller snarare gör Gud till något mindre än vad jag menar. Också för att, då jag pratar om detta, har ordet Gud en så stark betydelse för många så det kan ta bort fokus på vad jag vill uttrycka. Kanske är ordet Gud ett ord som de religiösa tagit monopol på?

Svårt dock att hitta ett bättre ord, så jag får härmed förklara vad jag menar med ordet Gud: Allt är energi. Det finns ingenting som inte är energi. Energi är Liv. Allt är levande. Liv är Gud. Gud är Liv och livet är processen. Gud är alltså liv, energi och processen. Gud är liv i funktion. Funktionen är det skapande. Den energetiska processen är skapande. Gud är alltså skaparen i form av den energetiska processen.

Vi lever i ett vibrerande universum. Vad som framstår som tomhet är den obegränsade energins hemvist. Allt som är, all materia som hus, träd, bilar och blommor eller de relationer och pengar som du har eller vill ha kommer från det som kvantfysikerna kallar nollpunktfältet. Det begreppet, som först presenterades av Albert Einstein och Otto Stern år 1913, har många olika namn inom vetenskapen. Det kallas *den subatomära världen, kvanthologrammet* eller *plenum,* vilket betyder "fullständighet".

Teologer, som har den "religiösa" uppfattningen som jag beskrev tidigare, kallar det Gud – alltings källa, det allsmäktiga. En del akademiker kallar nollpunktsfältet för *Guds sinne*. Du får kalla det vad som känns bäst för dig, det har ingen större betydelse. Man blir liksom inte blöt av ordet *vatten*, så välj det eller de namn som känns bäst för dig.

Okej, nu kan jag använda ordet Gud utan att det behöver bli en kyrklig koppling. Jag har inget emot Gud, Jesus, Abraham, Allah, Buddha o.s.v. men religionerna är för mig regelverk mera än andliga sanningar och mera ett kollektivt styrande av människor som reducerar individens förmåga att leva i samklang med Gud. Vad beträffar religioner upplever jag att många vet tillräckligt för att *känna* att de har rätt men det är inte många som vet tillräckligt för att *veta* att de har fel. Det är för övrigt allas vårt dilemma. De flesta anser att känslan är mera sann än fakta – tyvärr. Följ gärna den som söker sanningen men om han eller hon påstår sig ha hittat den så bör du gå vidare. Det är just så jag upplever religion – någon säger till dig att tro på en "sanning" och att den sanningen är färdig. Jag kan dock lova dig att om vi ses om hundra år eller tusen år så kommer vi fortfarande ställa oss frågan – vad är nästa steg? För mig är det befriande att förstå att det alltid finns mera att förstå.

Fäst dig inte vid något samt var öppen för allt.

Vi kan dock ta med oss vetskapen om att alla du möter, och någonsin mött, strävar och till och med kämpar samt upplever att de misslyckas både nu och då. Det hjälper åtminstone mig att lättare förlåta.

Åter till förklaringen om känslor.

Då du är i samklang med kärnan, med Gud, är du alltså i frihet, total frihet och därmed som klokast. Frihet är det största ord jag vet för övrigt.

När du är precis utanför din kärna men ändå ganska nära så är du i trygghet. Trygghet är ingenting du behöver i din kärna, för i din kärna, är du fri och friheten har inget behov av trygghet. Trygghet är endast ett behov hos den som är medveten om fara och i din innersta sanning existerar inte fara. Trygghet är en form av kontroll och i kontroll är inte frihet samt i friheten finns inget behov av kontroll.

Utanför tryggheten finns oron. Oron är i behov av trygghet och nästa steg av frihet. Utanför oron ligger ängslan, rädslan, irritationen, ilskan, ångest, ja, alla obehag av olika karaktär.

Obehagskänslorna ligger i en skala av hur ont det

gör, hur starkt det känns. Kanske du upplever att de känslor jag beskrev ligger i en annan ordning än den jag skrivit dem i, varsågod det kan kanske vara individuellt. Alla obehagliga känslor är kontraster till kärleken och grundade av tvivlet på den självklara friheten.

Ilska är en utåtagerande rädsla. Å andra sidan är alla dessa obehagliga känslor tvivel och rädslor. Ju längre bort från din innersta sanning desto ondare gör det. Längst bort ligger skammen och den uppgivna depressionen.

Gud, ditt högsta medvetande, kommunicerar med dig genom det vi kallar känslor. Känslor är alltså det språk som den största klokheten använder sig av ifrån din innersta sanning till det medvetna du. Du måste vara i frekvent överens med något som din innersta sanning *inte* håller med om för att det ska kännas obehagligt. Alltså när du är övertygad om något som inte är sant enligt det allsmäktiga så mår du dåligt, eller åtminstone mindre bra.

Obehagliga känslor informerar dig alltså om att du är på en plats, i en situation, som du inte vill vara enligt din innersta, ärligaste vilja, men framför allt att din värdering om det som tycks vara inte överensstämmer med det högre jagets syn på samma sak. Ångest till exempel är en information från din innersta sanning om att du har en situation du inte vill ha eller att du ser på en situation med en värdering som din innersta sanning inte håller med dig om. Att må dåligt är alltså en strid mot bättre vetande, en situation då du inte är i samklang med din högsta intelligens.

Om du mådde bättre innan ångesten så visar den att du är på väg åt ett håll du inte tycker om. Om ångesten däremot föranleddes av uppgiven depression så är du ändå på väg åt ett bättre håll.

Ni har säkert hört talas om deprimerade människor som sökt hjälp och då de inte fått det så har de lett till ångest, frustration och sedan aggression. Att gå från djup depression till ångest är alltså ett steg i bättre riktning. Aggressionen, i den senaste riktningen, är alltså en kraft från uppgivenhet till att ta saken i egna händer. Även om det fortfarande är destruktivt i förhållande till att agera i kärlek så är kraften, energins momentum, i en riktning mot behagligare känslor. Aggressionen är fortfarande kommen ur rädslan och missförståndet till livets existens.

Tänk dig att du åker på en motorväg. Kommer du för nära kanten så ligger det en räfflad linje där som påminner dig om att du är på väg ner i diket. Den räfflade linjen på sidan av vägen är inte ett anklagande om att du är en dålig förare utan bara en information om att du är i färd med att köra av vägen. Det är inte olagligt att åka ner i diket men jag är övertygad om att de flesta inte vill uppleva det så den räfflade linjen informerar dig, i all välmening, om situationen. Om du däremot har varit i diket så har du säkert inget emot att åka över den räfflade linjen för att komma upp på vägen igen. Den räfflade linjen och ångest är alltså inte en förklaring på värdet av dig som person utan bara en information i all välmening.

Känslor som är obehagliga innefattar alltså en önskan om förändring. Obehagliga känslor innebär en frågeställning, en bön. Universum äger redan förändringen. Allt du kan föreställa dig existerar. Du kan inte föreställa dig något som inte existerar. Det innebär att om du mår dåligt så är bönen sänd, alltså önskan levererad. Gud har hört och den förändring du önskar existerar i samma stund.

Så steg ett, önska, sker automatiskt. Steg två, Guds lösning, sköter kosmos så det är ingenting du behöver göra. Steg tre däremot är högst intressant.

Steg tre är det du behöver göra själv. Det innebär att du behöver bli överens med universums lösning på ditt problem. Du behöver alltså vara överens med svaret på din fråga. Du behöver tro på att det är, det existerar, och medvetandegöra den sanningen. Det innebär att lyssnandet, medvetandegörandet, av det du kallar andlig kontakt, ligger i detta steg.

Lösningen existerar i samma stund som problemet. Svaret existerar i samma stund som frågan ställs. Hur kommer detta sig, kanske du undrar? Jo, kontrasterna är konstanta.

Hur blir du då överens med lösningen? Det är naturligtvis svårt då du är i en känsla som är obehaglig. När du är i en obehagskänsla så är du ju övertygad om något som inte överensstämmer med den största sanningen som finns. När du mår dåligt är du alltså övertygad om en lögn. Att må dåligt skulle alltså kunna anses vara en missuppfattning av livet.

Men, säger du, jag ser ju att det är så här. Jag ser ju att problemet finns. Jag kan aldrig ha skapat detta, jag vill ju inte ha det.

Absolut, händelsen finns, situationen finns, men värderingen på den har du lagt själv. Och kom ihåg att du kan endast må dåligt i vetskapen om att må bättre. Du vet alltså att det du önskar existerar.

Din förväntan grundar sig i tron om att det finns något annat, något bättre. Du skulle alltså inte ställa frågan eller kunna önska dig något om du inte trodde att det du önskar existerar.

Känslor är inte positiva eller negativa, i princip, utan bara informativa. De informerar dig om vart du är i jämförelse av vart du vill vara för att vara dig själv i frihet helt och hållet, eller rättare sagt, då du är i full samklang med Gud.

Känslor informerar dig också om vad det är du skapar, vad du just nu lägger energi på, vad du bygger upp för momentum som sedan kommer manifesteras så som din verklighet. Den situation du är i, den verklighet du upplever, är ett bevis på vart du energetiskt har varit, vad du har lagt din energi. Om du lägger energi på det du inte vill ha så ger du det du inte vill ha energi. Allt du ger energi tillräckligt länge och tillräckligt frekvent samt med tillräcklig övertygelse, blir din verklighet.

Du kan inte säga nej till någonting i denna värld. Du kan säga ja till det du vill eller så säger du ja till det du inte vill. Du kan alltså lägga energi på det du vill ha eller på det du inte vill ha och allt är bara energi. Det innebär att allt du lägger energi på växer och kan manifesteras så som den verklighet du i ditt fysiska liv upplever.

Kom också ihåg att din fundamentala övertygelse om vad som är bra eller dåligt grundar sig på dina värderingar och värderingar är bara upprepade tankar.

Tankarna skapar alltså vår verklighet?

Kanske inte tankarna enbart och för sig självt. Tanken behöver vara totalt överens med känslan och din fundamentala övertygelse. Det i sin tur skapar den frekvens, den energetiska status som har samma frekvens som den verklighet du kommer uppleva.

Om du håller din hand rakt utsträckt från kroppen så går det naturligtvis alldeles utmärkt, men hur länge? Tio sekunder klarar nog alla, en halv minut klarar de flesta, fem minuter klarar många. En hel dag klarar nog knappast ingen. Din arm har under tiden inte ändrat sin vikt utan det som förändrats är din upplevelse av att hålla upp armen. Rent fysiologiskt så handlar det om CNS (Centrala Nerv Systemet), energi i form av kcal, muskelaktivitet, men upplevelsemässigt är detta samma sak som stress. Om du håller en obehaglig tanke för länge så blir den tyngre och tyngre i din upplevelse men också mer och mer manifesterad i din verklighet och därmed påfrestande eller rättare sagt påverkande på det du kallar ditt liv.

Dina tankar är det dock inte meningen att du ska gå och vakta på. Om en negativ tanke kommer så klandra dig inte, straffa dig inte, utan acceptera den och ta medvetet och byt den mot något som får dig att må bättre eller bara låt den gå vidare. Precis som att hålla din arm utsträckt rakt ifrån kroppen så skadar det dig inte, det bara tröttar ut dig och i förlängningen sliter på dig och därmed skapar en obehaglig tillvaro. Ta ner armen. Slappna av. Medvetandegör dig av din tanke. Släpp den och tillåt den gå vidare. Utan ansträngning. Tillåt dig att berömma dig för att du inte fastnade i det obehagliga och känn därmed behaget i att agera medvetet. Tacka dig för att du kom till insikt om att ta ner armen eller att du släppte taget om dina obehagliga tankar.

Är du medveten om denna process så ändrar du säkert på dina tankar oftare och oftare. Denna medvetenhet gör att du blir noggrannare med vad du tänker och känner och även vad du har som fundamental värderingsgrund. Det är som att man övar sig på att känna och tänka behagligare.

Allt är energi. Energi är en ständig rörelse. Om du har en känsla som är kvar i dig så kan det inte stanna av sig själv. Känslor, precis som all annan energi, är i ständig rörelse. Du kan se på känslor som vatten, som en våg, som kommer och går. De sköljer över dig och försvinner. För att en känsla ska kunna stanna i dig måste du ta den och hålla fast vid den.

Du kan alltid fråga dig om du tar tag i alla känslor och håller fast vid dem eller är det bara de obehagliga? Fråga dig i så fall varför.

Står du vid strandbrynet och bestämmer vilka vågor som ska skölja över dina fötter? Väljer du ut vissa vågor, kanske de vackrare, och hoppas på att de ska vara de enda vågorna som träffar dig? Om det är någon eller några vågor som inte tycks vara så vackra står du och hoppas att de inte ska nå dig eller hoppar du undan? Om du ser en vacker våg komma, hoppas du att den ska nå dig eller går du och möter den? Vilken känsla är aktiv i dig när den obehagliga vågen är på väg mot dig? Är den känslan kanske än mer obehaglig än vågen själv?

Ifrågasätt dig själv.

Vi behöver se våra tankar i relation till våra känslor. Om du tänker en tanke och det känns

obehagligt när du tänker den så informerar
känslan dig om att din tanke inte överensstämmer
med din innersta sanning och absolut inte med
din ärligaste vilja. Om du då fortsätter tänka
denna obehagliga tanke så förstärker du känslan
som sedan påverkar din kropp rent fysiskt och den
verklighet du upplever. Den energin som du tillåtit
få fäste är alltså skapande av din verklighet. Tänk
en tanke som gör dig irriterad, frustrerad och arg,
så kommer ditt liv visa dig flera anledningar att
irritera dig och göra dig arg. Triggar du dessutom
stresshormoner som adrenalin och kortisol så
belastar du kroppen rent fysiskt så att, i
förlängningen, skapar skador, obalanser och
sjukdomar. De så kallade stresshormonerna är
helt okej och till och med bra för kroppen korta
stunder i vissa situationer men om de får fortsätta
lång tid så bryter de ner dig på cellnivå och skapar
alltså sjukdomar.

Du behöver alltså inte vara rädd för dina tankar.
Rädslan för att tänka en negativ tanke är helt
onödig eftersom den obehagliga känslan är
informationen om att du är övertygad om något
som den större delen av dig vet är osant, och
därigenom har du lärt känna dig lite bättre, och
det är ju en del av vad livet går ut på så egentligen
kan du älska kontrasterna. Så om du är rädd för
rädslan så förstår du säkert att det också är en

övertygelse som inte överensstämmer med din
ärligaste, innersta sanning.

Kanske ställer du frågan om du behöver älska
kontrasterna?

Ja, de tar dig dit du vill, genom att de visar dig vad
du inte vill. Den informationen är livsviktig i din
utveckling.

Okej, så jag behöver inte vara rädd för mina
tankar utan bara acceptera dem som ett bevis på
var jag är just nu och känslan säger då till mig var
jag är någonstans, och om det känns obehagligt så
är jag alltså där jag inte vill vara innerst inne?

Just det.

Om jag ber om något, så är då orden, tanken,
sekundära i mitt skapande?

Ja, en affirmation är inte fungerande om du inte
känner vad du säger eller tänker. Dina tankar är
alltså inte skapande om du inte är övertygad om
att dina tankar är sanna.
Du kan alltså inte bara önska något utan att vara
övertygad om att det du önskar är sant.

"Fake it till you make it" betyder alltså att du upprepar en tanke tills din känsla förändras så den passar tanken. Det innebär då att du behöver ha ändrat din värdering om det du tänker på. När din värdering är övertygad om det du tänker, så är du energetiskt i samklang med den övertygelsen och passar in i den frekvensen av verklighet som matchar din tanke. Då skapas en verklighet som matchar den energetiska frekvensen.
Känslan bevisar din nya värdering genom behaglighet eller obehag. Om känslan fortfarande är obehaglig då du tänker på det du anser är din värdering, informerar känslan endast att det finns en större sanning som är behagligare.

Det kan tyckas på förklaringen av Attraktionslagen att du skapar genom att dra till dig saker, människor eller händelser. Men egentligen så fungerar det så att din övertygelse gör att den energetiska frekvens som du då är passar in i det du upplever.

Vi skulle kunna se det som när du tittar på TV. Om du tittar på ettan så ser du en "verklighet" och om du byter kanal till tvåan så ser du en annan "verklighet". Det utspelar sig alltså en massa parallella verkligheter och du upplever den som du har ställt in dig på, alltså ställt in din frekvens på, alltså vad du är mottagare av.

Du vet att det finns en annan verklighet på en annan kanal, en annan frekvens, och du tar emot, upplever, det som sänds på den frekvensen du är mottaglig för.

Om du ber om något så är det endast ett bekräftande av att det inte är närvarande i din upplevelse. Om du ber om mera pengar till exempel med orden "Jag vill ha mera pengar" så kan inte Gud svara på annat sätt än "Ja, det vill du". Om du ber om att "träffa den stora kärleken" svarar Gud "Ja det vill du" o.s.v.
Till saken hör också att om du säger "Det där tycker jag illa om" så är också svaret endast ett bekräftande "Ja det gör du".
Inte nog med det, du passar därmed in i den världen. Innebär att du får uppleva mera av samma sak. Allt du lägger energi på växer. Allt du ger energi visar sig i din upplevelse av livet. Om du ber om mera pengar och därmed bekräftarar att pengar är en brist i ditt liv så passar du alltså in i en värld där det för dig är brist på pengar. Så egentligen är dina tankar sekundära. Det är din fundamentala övertygelse som är den starkare skapande faktorn.

I min förklaring om känslor beskrev jag tre steg, då steg ett var önskan eller frågan, steg två var Guds lösning och steg tre är din andlighet i form av mottagare, lyssnare.

Steg fyra är då du förstår att du inte endast är andlig mottagare utan kommunikatör med Gud, kosmos, och att du inte bara är droppen i havet utan havet i droppen. Att du inte är separerad från alltet. Du har i detta steg förstått att separation är en illusion och därmed förståelsen för att du är skaparen själv.

Steg fem – klandra dig aldrig för att hamna i steg ett igen. Det var ju din önskan, din fråga, som tog dig vidare. Som gav dig anledningen till din ytterligare upplysning.

Du är godkänd

Du existerar. Det har inte skett något misstag i detta universum.

Går det att bevisa? Att du existerar, ja. Vad beträffar misstag så menar jag att inget kunde hända på annat sätt än som det väl hände. Alltså oundvikligt utifrån den energin som skapade det.

Det som är bevisat är att allt är energi och att det inte finns något annat än energi. Det mesta är tomrum så det existerar försvinnande lite materia i egentlig mening. Om man reducerar all "space", allt tomrum, så kan man pressa ihop hela universum, så stor som vi förstår den, till en storlek av en sockerbit. Till saken hör ändå att det jag kallar tomrum är fortfarande energi.

När Nassim Haramein höll en föreläsning om detta på Per Gessles hotell i Tylösand 2017 så blev jag förvånad att det ens blev en "sockerbit" kvar. Trodde först att det inte skulle bli något alls. Jag förstår dock att jag inte förstår allt. Skönt och tack för det.

Om jag dock skulle ha rätt i det jag trodde innan Nassims förklaring skulle vi vara i en Matrix som egentligen endast är en illusion. Har personligen inte riktigt släppt den tanken ännu. Kanske lyckas jag bli övertygad om det senare. Jag fortsätter vara öppen för allt och inte helt fäst vid något.

Energi går inte att starta inte heller att avsluta. Det innebär att det borde ha funnits lika mycket energi innan Big Bang som efter. I så fall kanske skapandet startar med medvetenhet, en tanke, en strävan av lust, en känsla och kanske till och med en obehaglig sådan eller en längtan och otvungen förväntan?

Då måste man fråga sig vad detta medvetande är för något? Gud, skulle den troende säga. Du, Jag, skulle den ickereligiösa spirituella säga. Slumpen kanske andra skulle säga.

Hur som helst är det en, för mig, fascinerande tanke.

Är det så att det är en skapande energi som ligger i tid före det manifesterade? Är det så att det krävs en stund av specifik frekvens av energi innan det som händer kan hända? Kanske är det så eller kanske går det att manifestera en annan verklighet på nolltid.

Vad är denna energi? Vad fick mig att tänka på att skriva en bok till exempel? Kom känslan först och tanken sedan eller var det tvärtom? Finns det något utanför min kropp som påverkar mig, som skapat lusten eller tanken? Om det är så, är då det också jag?

Jag föreställer mig att vi inte är en kropp som har en själ utan att vi är en själ som har en kroppslig upplevelse. Jag menar, om allt är energi och energi inte kan startas eller avslutas så har jag ju existerat i evigheters evigheter och kommer existera i evigheters evigheter.

Då är döden ingen motsats till livet. Du kan dö men du kan inte sluta leva. Döden är motsats till födsel. Födsel är då din ickemateriska energi, själen, lyckats manifestera din kroppsliga upplevelse och döden är då du avslutar din kroppsliga upplevelse.

Jag skriver kroppslig upplevelse inte din kropp. Det med tanke på att allt är energi som dessutom ständigt byts ut samt att det egentligen inte finns materia (mer än en sockerbit i storlek att dela på). All energi har en frekvens och denna frekvens, denna kraft, är ett upprepat ögonblick. Det upprepar sig så frekvent att vi upplever det som konstant.

Med det menar jag då också att frekvensen, energin, skapar materian. En del som handhar halvädelstenar så som Agater, Kristaller, Ametister med flera kan ibland påstå att stenen har energin, men jag påstår att stenen existerar som sten och i den formen på grund av energin. Frekvensen av energin har skapat stenen inte tvärt om. Din kropp är skapad/manifesterad av din själ som är ett uttryck av Gud, kosmos, alltet eller vilket ord du vill välja, inte tvärtom.

Vi förstår naturligtvis att rent biologiskt byts vi ut hela tiden. Vi äter och dricker, det ger oss det material vi kommer bestå av. Undan för undan byts vi ut mot det vi stoppar i oss, på cellnivå, biologiskt. Detta sker i olika hastighet. Blodet byts ca tre gånger om året. Den innersta hinnan i magsäcken byts var tredje dag ungefär och skelettet byts mera sällan o.s.v.

Den energetiska frekvensen har en rörelse på flera tusen gånger i sekunden och om det innebär att det jag tycker verkar solitt endast existerar en tusendels sekund så varsågod. Det kan jag förlika mig med.

Det skulle innebära att det finns en möjlighet att ändra på det som är på en tusendels sekund. Genom en fundamental övertygelse om något annat så borde det jag upplever som verklighet ändras lika snabbt. Innebär även att om du, när du läser detta, sitter ner; aldrig har stått upp i den energin, i den frekvensen, och då i den manifesterade materian du är i nu.

Visst är det en hissnade tanke. Den tanken ger mig hopp och glädje. Den tanken ger mig sköna känslor.

Hur sann är vår historia?

Hur vi har kommit hit, rent historiskt, är verkligen
en fråga att fundera över. Det finns det vi vet att
vi vet. Vi vet också att det finns saker vi inte vet.
Det vi inte vet att vi inte vet är nog ändå den
största delen.

Hur vi har kommit dit vi är, historiskt, så vitt vi kan
kontrollera, beror på att någon har tagit fram
möjligheten och presenterat den på ett sätt som
vi tror på.

När du tittar på vart vi är, vad beträffar den
industriella revolutionen till exempel, är det
ganska mirakulöst, även om du bara går 30 – 40 år
tillbaka, hur lavinartat utvecklingen har gått.
Mycket av den teknologin vi har idag kunde jag
inte ens drömma om när jag var liten. Det är saker

vi har idag som inte ens var presenterad inom det vi kallar Science-Fiction för 40 år sedan. Man kan naturligtvis fundera över vart det kommer ifrån, eller hur?

Det jag försöker säga är att vi kan nog inte riktigt bestämma när nya uppfinningar framträdde. Om en känsla startar en tanke eller tvärtom, och allt som finns tillverkats efter denna insikt kan vi inte riktigt datera när det togs fram på timman och inte ens dagen, och ändå handlar det om det vi kan ta på, det vi ser är här. Idén om det vi rent materiellt tagit fram kan ha funnits långt innan produkten är färdig. Den energin, den frekvensen, som föranleder faktisk tanke eller känsla kan ha pågått i evigheter innan den uppfattas av någon.

Vi kan naturligtvis fundera på när vi själva är skapade. Kroppsligt får vi ju ett datum att komma ihåg, födelsedagen. Vi kan påstå att vi är skapade cirka nio månader innan den dagen eller rent energetiskt oändligt långt tidigare än så.

Det kan dock vara svårt att greppa om historien med säkerhet. Det har ju lagts enorm energi på att förstöra historiska monument och därmed tillrättalägga vad som ska presenteras för eftervärlden. Titta bara på de krig som är i mellanöstern, i de områden som kan kallas vaggan av civilisationen. Där har det förstörts forntida artefakter och stora delar av städer som skulle kunna ge oss intressant information om historien. Det bombas i Syrien, platser som Aleppo och Palmyra, som är äldre städer än de flesta i Europa.

En av de första saker som gjordes när de intog Iraq var att ta sig in i Bagdads museum och förstörde värdefulla historiska föremål. Inte stal bara förstörde. Genom tiderna är det otroligt många grupper av människor som gjort just detta. Till exempel nedbränningen av biblioteket i Alexandria.

Även om många länder har en väl dokumenterad historia så vet vi det enbart av det vi vet finns, inte av det som en gång har förstörts. Många storheter i maktposition har förstört mycket av de historiska bevis som berättar något om tiden före dem. Förmodligen gjordes det för att de ville lyfta sig själva som förste man, som grundare, av ett land, samhällsform, uppfinning eller annat. Men det gjordes nog ofta också för att förnedra folket, för att tillintetgöra deras kultur, deras historia, och därmed bryta ner deras motivation att försvara sitt land.

Det är väl rimligt att påstå att det borde ha funnits en massa information om Mayafolket som spanjorerna och portugiserna förstörde när de intog landytorna i Sydamerika till exempel.

Det är dessutom förmodligen en del språk som har försvunnit helt eller delvis, så att tyda de skrifter som finns kanske inte blir fullständigt. Vad vet jag? Men visst har till exempel texten på Rök stenen i Östergötland tolkats på fler än ett sätt under åren?

Man kan dock förundras, eller för all del fascineras, över hur lätt det tycks vara att få ett folk att gå med på dessa förändringar. Jag tänker till exempel på Kinas kulturrevolution 1966 - 1976, där människorna själva stod för förstörelsen av kulturella byggnader och skrifter, eller hur Tysklands folk tycktes ta det som sas av de politiska ledarna som sanning utan större motstånd i början av nittonhundratalet. Naturligtvis förundras jag över vad som händer i Sverige i skrivandes stund. I min värld känns det som ett socialt experiment och jag hoppas att det får en ändring innan folket blir helt överkörda och vaknar i en sämre värld än innan.

Vi ska dock komma ihåg att vi skapar vår verklighet själva. Det vi upplever som verklighet och vad vi har för värdering kring det kan vi välja då vi medvetandegör oss om hur.

Alla de artefakter som skapats och lämnats i speciella avsedda byggnader i ett försök att lämna något till eftervärlden är kanske lika manipulerad som historien?

Vem skriver historien? Oftast, för att inte säga alltid, är det de välbärgade, de rika. Och därmed makthavare. Mig veterligen har jag aldrig läst en historiebok skriven av den vanliga människan, de fattiga.

En fråga som ofta kommer upp hos mig är hur det kommer sig att de flesta, den stora massan, känner sig mera maktlösa än de få som känner makt. Det är naturligtvis en kombination av att de med makt och rikedom har en känsla om sig själva som just maktfullkomliga och en självkänsla med otvungen, fundamental övertygelse om sin egen storhet. Att då den stora massan, de flesta, känner tvärtom om sig själva samt att de ger de med makt rätt i sin övertygelse om storhet. Båda dessa människor skapar sin verklighet i dessa, i sig själva, ”sanningar”.

Vi kanske behöver förstå hur vinklad den informationen vi har är?

Vi kanske ska göra vår egen forskning och dessutom se upp med att döma andra på vägen? Vad vi tror på är väl endast en presentation av oss själva? Vi har, genom historien, straffat de som tänkt olika oss. Det har ju ändå varit så att de som skrattats åt eller avrättats för sin övertygelse i vissa fall fått rätt. Tänker på Galileo Galilei bland andra.

Om en människa har en åsikt och tio andra har en annan åsikt innebär inte det att de tio, per automatik, har rätt. Det är demokrati men inte säkert rätt eller ens det bästa för framtiden, folket eller världen. Demokrati å andra sidan betyder väl innefattande av en öppen dialog och acceptans av olikheter? Allt annat kan liknas vid diktatur. Även om diktatorn är flera än en person så att säga. Det som försiggår i världen under namnet demokrati är, i min mening, inte demokrati i betydelse "folkstyre" alla gånger, utan snarare "folkets möjlighet att visa sin åsikt bland de alternativ som tilldelats dem". Det som tilldelas dem, folket, är i regel vinklat av journalister och då förmodligen på order av makteliten. Jag vill minnas att på 60- och 70-talet levererade journalister oftast två sidor av händelser. Jag tror att de journalister som tänker lika som beställarna av informationen är de som får jobben nu för tiden.

Folkets "frihet" att välja i demokratiska val är alltså en lögn. Massmedia påverkar dig, kanske mer än du tror. Bara för att det visats sig på Facebook upprepade gånger innebär det inte att det är sant. Bara för att du känner att det är sant behöver det inte vara sant så som fakta.

Det finns någon som heter patos, etos och logos. Patos är känsla, etos är etik och moral och logos är logik. "Jag känner att det är sant" uttalas ofta av de som enbart lyssnar på hjärtat. Innebär inte annat än att det är sant endast för den som känner det, och kanske inte en längre stund än då det känns. Eftersom känslor förändras ganska frekvent.

Blanda dessa sidor hos dig i möjligaste mån. En del säger att det är okej att enbart lyssna på hjärtat i relationer och kärlek men i business, ekonomiska val, bör du koppla bort hjärtat och bara ta in logiken, förnuftet, etiken och moralen.

Vi kanske inte ska klandra de som tror att Jorden är platt eller är universums centrum eftersom det kan kännas så för en del. Det finns brister i vår egen faktahämtning och vår utlärning så saker bör kunna diskuteras. För egen del räcker det med att se horisonten åt alla håll runt om mig för att förstå att jorden är rund, men ändå.

Till och med Darwin kallade det han trodde på för teorier. Idén om att människan vore en utveckling av apan är kanske befängd. Om människan är en utveckling så skulle kanske inte apan finnas, eller var det en grupp apor som inte ville utvecklas? Det kanske är en grupp apor som ansåg att människan inte var en utveckling snarare en avveckling?

Det har väl till och med påståtts att det vi kallar människa inte har företrädare på denna planet. Att "människan" bara dök upp för ca 200 000 år sedan. Är inte den tanken spännande? Om så är fallet behöver vi inte leta efter Aliens, det borde räcka att se sig själv i spegeln för den saken.

Är vi säkra på att denna värld inte drivs av lögnare som gör vad de gör för sin egen vinning? Maktlystna människor som har förstått hur att manipulera massan. Jag ska inte gå in på mina tankar om Illuminate eller övrigt. Kanske i en annan bok.

Vi vet att i forskarvärlden är det så att om resultatet inte överensstämmer med ursprungsfrågan så skall frågan rättas till. Om däremot svaret rättas till så det passar frågan är det inte så sällan ett brott mot forskaretiken. Vi kan ändå misstänka att det förekommer. Till exempel om en regering vill hitta en anledning att öka skatten inom klimat och utsläppsfrågan och dessutom få folket att acceptera höjningen kan de få forskare att visa resultat på att koldioxid är en farlig gas.

Å andra sidan är det kanske så att allt du upplever endast sker i ditt huvud, i din fantasi? Filmen Matrix kanske är en dokumentär?

Jag tror att du kan bevisa vad som helst till en viss grad och med en fundamental övertygelse kommer bevisen visa sig för dig i tillräcklig tydlighet.

Det innebär dock inte att det är sant för mer än dig. Om det finns en absolut sanning vill jag vara osagt men att ifrågasätta sig själv kan vara väl så utvecklande. Kanske kommer du fram till att du inte vet, och kanske är det just det som är den ultimata sanningen?

Föreställ dig vad människor som lever om tusen år ska säga om den värld vi är i idag.

"På den tiden, början av tvåtusentalet, trodde man på att jordens resurser var hotade. Det pratades om klimatkris. De drev bilar med bensin och diesel och de byggde elbilar i tron om att det var bättre för miljön.

De krigade mot varandra och en del fick knappt någon mat. De som inte fick så mycket mat kallades för fattiga. De till och med trodde på något de kallade religion, och de hade olika religioner. Dessa religioner var så viktiga för dem så att de, dom andra, som trodde på något annat än de själva blev kallade fiender.

På sjukhusen var det människor som opererade andra människor, alltså öppnade kroppar på varandra och tog bort delar som de ansåg inte fungerade. Det var dessutom en massa människor som åt något de kallade medicin. Medicin var inte mat utan sammanpressade små koncentrat av någon, ibland för att inte säga ganska ofta, kemiska kompositioner. Dessutom använde de skrämselpropaganda om pandemier för att styra massan eller för att dölja aktiviteter som inte skulle godkännas av folket om de visste att det pågick.

De hade någon sorts byteshandel som också var väldigt viktigt för dem. De bytte varor och tjänster mot något de kallade för pengar eller valutor. Pengar hade inget värde i sig utan var bara överenskomna värden i form av papperslappar och digitala koder.

Om någon på den tiden mådde dåligt så isolerade de dem istället för att låta de ta del av andras umgänge och kärlek, dessutom bad de dem prata om det som de trodde var orsaken till deras dåliga mående. Om de då sa att det berodde på brist av umgänge och kärlek så blev de tillsagda att sköta den saken själv genom att älska sig själv först. De fick upprepa den dåliga känslan om och om igen och blev tilldelade mediciner som skulle bedöva samma känslor, precis som att göra dem beroende av de mediciner de fått, istället för att få tilldelad kunskapen om en ny vidare verklighet som skulle ge dem ett bättre mående. De blev klassade genom något de kallade diagnos och utpekade som icke tillhörande av mängden även om just känslan av utanförskap kunde vara grunden för deras dåliga mående. De "lärda" inom denna "vård" betedde sig som mobbare som tryckte ner dem med ena handen och förgiftade dem med den andra och dessutom tvingade folket till lydnad genom munkavle och vaccinering.

Det var även så att människor på den där tiden trodde på något de kallade för slumpen eller ödet. Det fanns något i deras folktro som kallades tur. Dessa saker var händelser som de trodde att de inte kunde kontrollera eller inte hade en egen orsak till. Och hör och häpna, på den här tiden trodde människan att den kunde dö.

Kan ni tänka er vad outvecklad människan var i början av tvåtusentalet?"

Ja, tänk om de säger så om oss, dig och mig, i framtiden. Knasigt eller hur?

Du är vad du konsumerar

Äter du mat som är dålig för kroppen, kollar på serier på TV som inte ger dig något och endast följer konton i sociala medier som ger dig ångest? Tänk på att vi faktiskt är vad vi konsumerar.

Om du alltid är trött och dyster så bör du till exempel se över maten du äter eller vad du lägger din energi på. Gör sociala medier dig deppig och osäker? Skrota då det, och fokusera på det som faktiskt får dig att må bra.

Vad göder du dig med för tankar? Vad ger dina tankar dig för känslor? Vad konsumerar du för upprepad inre dialog med dig själv? Vad övar du dig på?

Kom ihåg att vi övar oss på något hela tiden. Om vi oroar oss så blir vi väldigt bra på att oroa oss. Om vi klagar mycket blir vi väldigt bra på att klaga.

Om vi uppskattar mycket omkring oss blir vi väldigt bra på att uppskatta saker i livet. Om vi dömer andra blir vi bra på att döma. Om vi smutskastar människor blir vi väldigt bra på att hitta fel och brister på allt och alla omkring oss.

Ifrågasätt dig och ge dig en chans att konsumera det som ger dig bättre och skönare näring. Det du övar dig på blir du bra på. Det du upprepar upprepas. Tänk då också på att vara kränkt är ett val, ett val du gör själv.

Fråga dig själv varför du inte ger dig själv det du innerst inne vill ha, varför du konsumerar det du inte vill ha. Är det så att du inte tror vara värd annat? Sådana missuppfattningar har gjorts förut, av otroligt många människor genom alla tider.

Konsumtion är inte bara det du stoppar in i munnen. Det är allt du över huvud taget tar in. Kom ihåg att en båt inte sjunker på grund av vattnet omkring den, den sjunker på grund av vattnet inuti den.

Tänk också på att din fundamentala övertygelse om vad som är sant upplevs som sanning i dig. Det handlar då kanske inte om vad du äter enbart utan med vilken känsla du äter det, med vilken övertygelse du har om det du äter. Att njuta av en korv kan kanske vara nyttigare än att tvinga i sig en morot mot sin vilja.

Förlåt alla föräldrar som försöker få era barn att äta nyttigare. Ni får helt enkelt försöka hålla denna bok gömd tills barnet är vuxet.

Jag vet att det finns mat som är nyttigare och mindre nyttigt rent biologiskt men jag vill också poängtera vikten av din fundamentala övertygelse. Att äta morötter i vetskapen att de är nyttiga men samtidigt tycka att den smakar illa så då du äter den skapas ångest eller annan obehaglig känsla som är negativt för kroppen. De obehagliga känslorna skapar hormonella utsöndringar som kan skada kroppen mera än vad moroten kan göra nytta. Det finns inte antioxidanter nog i en morot som kan väga upp för de fria radikaler obehagliga känslor skapar. Ät nyttigt, absolut, jag själv är nästan vegan, och tror att det är nyttigt. Jag skriver ”nästan vegan” eftersom jag är socialätare. När jag blir bjuden äter jag vad som helst, nästan. Ibland blir jag sugen på en korv, hamburgare, eller annat animaliskt, och då äter det med njutning.

Din tro, din fundamentala övertygelse, om vad som är bra mat är viktigt för hur kroppen tar emot det du stoppar i den. Njut av mat och dryck. Njut av det du konsumerar över huvud taget. Om du inte njuter av det du tar in – ifrågasätt dig. Ifrågasätt dina åsikter om det du tar in. Om du fortfarande tycker illa om det du tar in så ta in något annat, då inte bara mat utan allt som föder dig.

Vi lever i ett informationssamhälle och blir överösta med information hela tiden. Jag skrev informationssamhälle inte ett kunskapssamhälle – för det är något annat. Om massmedia hade kravet att endast leverera sanningar skulle de flesta nyheter inte nå oss förrän flera dagar efter det hänt och då är de ju inte nyheter längre. Idag är det viktigast att vara först med en nyhet och då blir det en del chansningar om huruvida det är helt sant eller inte. Gemene man sorterar inte i sitt inflöde av information utan bara köper det som kommer som den ultimata sanningen. Den filtrering som sker i oss är det som jämförs med vår redan etablerade övertygelse om vad som är sant och den är endast inövad, matad till oss, av oss.

Det är många frågor som aldrig ställs bara för att vi anser att svaret är givet.

Att medvetandegöra din fundamentala övertygelse är det jag försöker inspirera dig att göra med denna bok. Ifrågasätt dig själv.

Den viktigaste relationen du har är den med dig själv

Att bli den bästa versionen av sig själv kan vara ett mål som man har för sin egen skull. Dock är det skillnad om du gör det på grund av att någon annan inte är nöjd med den du är. Om du försöker ändra dig för någon annans skull, kanske en chefs, kompis eller partners så gör du det av helt fel anledningar. Förändra dig för din egen skull och inte för någon annans.

Du kan ha flera anledningar, i din övertygelse, att se ner på dig själv. Jag påstår att det inte finns men jag kanske inte kan ändra din föreställning här och nu. Du kanske känner att det är okej, och till och med rättvist, att du slår på dig själv nu och då?

Inte så sällan börjar dessa vanföreställningar tidigt i åldern. Barn har ingen större önskan än att bli älskade av sina föräldrar. Om föräldrar har svårt att älska barnet kommer barnet göra vad som helst för att få föräldrarnas kärlek. De kommer vända och vrida sig till en grad i sitt beteende och i sitt tycke om sig själva som skadar dem. De kommer sedan, i sin egen övertygelse, påstå till sig själv att kärlek ser ut just så som föräldrar har visat dem. Denna inlärning kommer inte alltid från föräldrar de kan komma från syskon, kamrater, skola, religion eller annat. Om detta är fallet kommer barn ofta ha en accepterad gräns inom sig om hur mycket plågan får kosta. När de då träffar någon som också slår på dem, trycker ner dem, fungerar deras accepterande gräns så att de kommer stå ut med det. Jag har träffat många som lever i relationer där den de "älskar" och som bedyrar att de "älskar" tillbaka egentligen misshandlar.

Om den misshandlande parten slår hårdare, misshandlar dig i en högre grad än du själv gör upplever du att gränsen är nådd och gör, förhoppningsvis, motstånd eller går därifrån. Men inte förrän då. I värsta fall flyttar du gränsen av acceptans.

Vi ska komma ihåg att den som misshandlar har förmodligen blivit visad detta beteende och fått för sig att det är i sin riktighet. Föräldrar som har svårt att visa kärlek har säkerligen försökt att få acceptans och kärlek från sina föräldrar som i sin tur är misshandlade av sina föräldrar eller religion, samhälle och eller annat.

Om du förstår ditt värde och därmed får en bättre självkänsla så förlåter du dig och slutar slå på dig själv. Därefter, med bibehållen självkänsla, kommer du träffa människor med samma grad av självkänsla och som inte slår alls utan snarare förstår hur att lyfta, stötta och bejaka.

Men hur du förhåller dig till den som är *du* är ändå viktigast. Du kan när som helst förstå att älska dig själv, att få en god självkänsla. Då du förstår ditt värde som skapare av det du kallar ditt liv förstår du betydelsen av dig, värdet av dig. När du förstår hur att skapa din verklighet och att du gör det hela tiden varken du är medveten om det eller inte förstår du vikten av dina tankar och känslor. När du inser att det inte handlar om att kontrollera utan att förhålla sig med kärlek till processen, till det som visar sig, kommer förståelsen till vad som kommer till dig accepteras och omfamnas samt i tillit släppas för att processen ska flöda vidare.

Att skjuta upp saker kan handla om en rädsla

Brukar du tänka att du från och med måndag ska vara den bästa versionen av dig själv? Men trots att du lovar dig själv att du ska bli den bättre versionen av dig från och med måndag så slutar det ändå med att du skjuter upp det och kanske fortsätter skjuta upp samma sak gång på gång.

Detta kan handla om en rädsla du har. Vi är alla innerst inne lite rädda för förändringar och att jobba med sig själv och sina svagheter och styrkor är en rätt stor förändring vi gör. Därför är det viktigt att vi vågar gå utanför vår komfortzon. Märk väl att utanför komfortzonen ska det kännas spännande, utmanande och som ett steg i rätt riktning. Att bara vara rädd och känna obehag då du kliver ut i det okända är inte särskilt utvecklande. Kan tyckas vara en fin gräns men ack så viktig.

Var dock inte rädd för förändringar.

När allt känns tryggt och säker är det nog för att situationen är igenkänd, den är familjär, och ofta upprepad. När osäkerheten känns, när det gungar under dina fötter, betyder det att förändringen är på gång. Du kan tycka att det är skrämmande eller så välkomnar du den. Någonstans inom dig har du ändå önskat den. Du vill ha förändringar. Du vill ha utveckling. Att stå still blir tråkigt i längden.

Att känna sig nervös eller exalterad är samma sak rent fysiologiskt. Det som gör skillnad på din upplevelse är den värdering du lagt på situationen som triggar känslan.

Att skjuta upp eller låta saken mogna kan dock vara en fin skillnad på hur motiverad du är till det du tänkt att göra. Att skjuta upp för att man är rädd känns på ett sätt som innehåller tveksamhet, men att låta saken mogna är att vänta på startskottet eller som att vänta på att brödet ska gräddas klart så att säga. En idé ska ibland hållas för sig själv tills den flyger, tills den inte kan hållas längre.

Så upplever åtminstone jag. Jag upplever att det har funnits saker som jag så gärna vill göra men inte vågat och det finns saker jag vill göra som liksom väntar på rätt tid. Att vänta på rätt tid innefattar inte rädsla, bara en känsla av att vara exalterad, som att inte göra det förrän själen kvittrar.

Ett misstag, så som jag upplever det åtminstone, är att berätta för andra vad visionen är, vad planen är och vad jag vill komma med det. Hur många gånger som helst och hur övertygad jag än kan vara så kan energin dämpas av den jag berättat för. Det spelar ingen roll om den som lyssnar är din bästa vän, syskon eller partner, de kan ändå sänka din energi.

Det är naturligtvis en konst att inte påverkas av yttre omständigheter men vi blir bättre om vi övar på det – som sagt.

Den som lyssnar har inte känt vad du känner när du tänker på din vision. De har inte fått tiden att låta det mogna inom dem men framför allt kan de ha en betydligt lägre bild av vad som är möjligt här i världen. Om du förstår energi är inte en miljon svårare att manifestera än hundra kronor. Allt du kan tänka dig och du kan erkänna som självklar, otvungen, sanning är din fundamentala övertygelse och kan inte undvikas att upplevas, att manifesteras i din verklighet.

Behåll din vision för dig själv om du inte omger dig med människor med samma visionsnivå, med samma tillåtande energi och, då också, om du inte kan undvika att bli påverkad av deras lägre energi.

En bra kamrat är någon du kan berätta din vision till och som då exalteras med dig utan att behöva

78

ta sitt exempel eller någon annans vision som exempel i jämförelse med din. En bra kamrat är också den som lyssnar på ditt problem, din sorg eller besvikelse utan att behöva berätta om sin egen eller annans sorg och besvikelse.

När börjar det som är du?

Om det är så att vi behöver komma över ett beteende, en känsla, för att göra det där som vi har tänkt att göra men skjutit upp gång på gång, så kan vi kanske fråga oss varför vi har den känslan. Rädslan av att bli bedömd kan finnas, vanan att göra som man gör eller "vi i vår släkt har alltid gjort" eller "ingen, vad jag vet, har tidigare gjort" o.s.v.

Den värsta anledningen kan kanske vara att skylla på någon annan. Jag är som jag är på grund av mina föräldrar och föräldrarna skyller på sina föräldrar och de skyller på några som är döda. På detta sätt kan vi gå tillbaka och skylla på de före oss i all evighet tills vi kommer till Adam och Eva. Adam skyller på Eva och Eva skyller på ormen och ormen, enligt mig, sa bara som det var.

Nej, ditt liv börjar NU. Nu är det som *är*. Nu kan du göra det du känner är vad som ska göras och då i förhoppning med den behagligaste känslan och största möjliga närvaro och frekventa samklang med det högsta allsmäktiga. Det du gör nu behöver inte vara en följd av det som var tidigare – du får göra något totalt annorlunda om du vill.

När börjar det som är du då? Har du dina övertygelser för att dina föräldrar gett dem till dig? Troligtvis till en del åtminstone. Om du växer upp i en muslimsk familj kommer du förmodligen känna att du är muslim och om du växer upp i en kristen familj kommer du förmodligen känna att du är kristen. Skulle dessa föräldrar byta barn med varandra i tidig ålder skulle du förmodligen känna att du är det dina nya föräldrar är i frågan om religion. Det tänkta muslimska barnet känner då att det är kristet och tvärtom. Religion är alltså en upprepad tanke som kan förändras med upprepande av andra tankar.

Så ställ dig frågan; vem är jag? Ifrågasätt dig själv. Lär känna dig själv. Känn efter i ditt innersta utan förutfattade meningar och utan de hittills givna svar du har tagit till dig.

Jag hade två föräldrar som tillät mig ha egna tankar i det mesta. Därmed inte sagt att de inte har påverkat mig men de har aldrig dömt mig för vad jag ansett vara min sanning. Min far var egenföretagare som röstade åt det borgliga och min mor var anställd inom Landstinget och röstade på allt från Centern till Socialdemokraterna. Jag är inte partipolitiskt intresserad men mitt intresse för sakfrågor är ändå där. Ingen var religiöst engagerad och inte speciellt troende. En vän till mig ville att jag skulle följa med till Söndagsskolan någon gång i lågstadiet. När den där gubben som stod längst fram sa att du föds i synd, lever i synd, dör i synd och ska be om Guds förlåtelse så reagerade jag på ett sådant sätt att han fint men bestämt tyckte att jag kanske inte skulle komma tillbaka nästa söndag och jag var helt överens med honom i just den frågan.

Någonstans inom dig känns det vad som är din sanning just här och nu. Jag kan säga att jag har haft andra övertygelser än de jag har nu. Då jag var liten, innan jag började skolan, kändes det som jag hade en enorm självkänsla. Jag kände mig vägledd av min innersta intuition. Jag upplevde ofta att något talade till mig, inte i ord men ändå väldigt tydligt. Den vägledningen, den kommunikationen, var en självklar verklighet och gjorde mig lycklig.

När jag började skolan träffade jag en massa människor som inte tycktes ha denna vägledning och som dessutom fick mig att tvivla på det jag tidigare upplevde som en självklar verklighet. Från skolstart och framåt var det, så som jag upplevde det, en anpassning till min omgivning som sedan pågick i nära 25 år innan jag började sakta men säkert vakna och aktivt försökte vända denna energi. Märk väl att jag *upplevde* att jag var tvungen att anpassa mig i högre grad än jag tyckte var behagligt. Det var min upplevelse och har inte med någon annan att göra. Denna period var, så här efteråt, den mest lärorika period i mitt liv. Den lärde mig framför allt att förstå mig själv men också hur jag skapade min verklighet.

Hur de negativa händelser i mitt liv skapades av de känslor och tankar som föranledde dem fick jag många gånger erfara och det var de, de negativa händelserna, som gjorde att jag undan för undan kom till insikt om min påverkan på mitt liv. Det är alltså de mindre behagliga händelserna som gett mig de största insikterna. Tack för det.

Vem är man då? Det finns kanske en röd tråd, en grund som följer dig, men i stort kan du bestämma själv vem du är, vem du vill vara. Jag har träffat många människor som upplevt stora saker, trauman i form av skador, chock eller sjukdomar eller fantastiska uppenbarelser av behagligare karaktär, som upplever att de är en helt annan person efter det. Andra i deras omgivning kan konstatera detsamma.

Dessa händelser ser jag som vägledningar också.

Jag menar att det som händer är meningen att det ska hända. Om du tycker att det är fruktansvärt det som händer dig beror det kanske på att du inte vet meningen med det. Jag tror att det finns en större plan för dig och ingen människa vet vilken väg som tycks vara lämpligast att gå. Att erkänna att man inte vet tycker jag känns befriande. Att lite på att det ordnar sig är lättare att ta till sig då. Jag är övertygad om att ingen vet tillräckligt om framtiden för att oroa sig. Någonstans känns det när du gör ett val som är behagligast för dig; och det är då själen kvittrar och hjärta sjunger i tanken på ditt val.

Det som är du är berättat av dig. Det du säger till dig, det du är övertygad om, formar dig. Vad berättar du för dig? Vilken verklighet anser du är sann? Vilken attityd, vilket beteende, är enligt dig rätt eller fel? Kom ihåg att du alltid äger ansvar för din attityd och ditt beteende. Du har alltid ansvar för vad du ger ut men aldrig hur det tas emot av andra.

Hur pratar du om dig själv? Vad är din självbild? Säger du "Nej det där klarar jag inte så det är ingen idé att jag försöker". "Inte ska väl jag ha detta". "Jag blir avundsjuk när det går bra för andra och då jag lyckas med något så är det inget att bry sig om". Eller säger du "Jag har inte provat det förut så jag vet inte om jag kan men jag tror att jag kan lära mig, jag är i alla fall beredd att försöka". "Tack så mycket vad roligt att du vill ge mig detta". "Det är roligt att det går bra för andra och jag vet hur det känns för jag är stolt över det jag lyckats med".

Vad säger du att du är? Långt innan denna bok var klar så kallade jag mig författare. Jag vet att andra inte skulle kalla mig det men man kan ändå undra om hur det påverkat motivationen? Kan det vara så att man kallar sig något och försöker sedan fylla den rollen i sedan valda beslut eller är det så att man föreställer sig verkligheten för att skapa den, manifestera den, och därmed ge Gud anledningen att visa densamma. Jag påstår att det är så det går till att skapa sin verklighet. Fundamental övertygelse utan ansträngning. Otvungen tillit till processen av skapandet.

Skriv ner dina tankar

Vilka är dina styrkor och svagheter? Hur ska du vända dina svagheter till dina styrkor? Det lättaste sättet att göra detta på är genom att skriva ner dina tankar och det du vill förändra för att vara den bästa versionen av dig själv.

Kom ihåg att då jag skriver "den bästa versionen av dig själv" menar jag inte den som tjänar mest, är starkare än andra, är mera andlig eller över huvud taget jämförd med något annat än dig själv.

Jag menar inte att det är en tävling alls, inte ens mot ditt nuvarande jag. Jag menar heller inte att det är ett mål, mera en riktning. En riktning för att ge sig själv chansen att lära känna sig själv och därmed förstå vad du vill med ditt liv eller kanske ge livet den mening det har.

Just denna gång, detta liv, har du nu. Just denna stund, detta ögonblick, är vad som finns. Du kanske har levat en massa liv och kommer leva en massa fler liv, men just nu är detta din stund på jorden.

Jag har själv upplevt att jag slösat en massa tid då jag inte tagit hand om den tid som är. Jag har ibland tänkt då jag vet att göra bättre men inte gjort det att – äsch, jag får "reparera" det senare eller det kommer ny tid att göra bättre, att vara mera jag, att vara snällare, att visa bättre sidor. Jag har till och med sagt "Äsch, det tar jag nästa liv".

Någonstans tror jag att tiden läker alla sår och att allt alltid blir förlåtet.

Jag har dock upplevt att jag själv blir bedömd av min omgivning för saker jag gjorde för länge sedan. Jag vet att denna bedömning inte spelar roll för mig i min innersta sannaste jag, men ibland kan det vara lite svårt att bara vara helt överens med min innersta ärligaste sanning. De stunder jag känner tvivel till den självklara kärleken, till den bedömningsfria acceptansen, dömer jag mig själv.

Jag har skrivit det förut men det är viktigt att förstå att en båt kan omöjligt sjunka på grund av vattnet omkring den, den sjunker på grund av vattnet den tar in.

Jag kan dock se tillbaka och förstå meningen. Att se det som den erfarenhet det är. Kan också se nyttan med att försatt mig i obehagliga situationer för att förstå det jag förstår idag. Min upplevelse av känslor är ändå att de obehagliga har lärt mig mera än de behagliga.

Om du kan dra nytta av en obehaglig händelse, ett icke kärleksfullt beteende, så kan du nog finna meningen med det just där. Om du inte kan förlåta dig så har du kvar chansen att uppleva just det - förlåtelsen. Upplevelsen av att förlåta unnar jag alla av hela mitt hjärta. Det är ju också så att om jag älskar dig och du hatar mig så mår jag betydligt bättre än du. Utan övrig jämförelse. Kom ihåg att livet är ingen tävling, inte heller ett mål, endast en process. Denna eviga process innebär inte att du behöver göra något, åstadkomma något, prestera. Du behöver bara vara.

Emotion, betyder energi i rörelse.

Vi är inte så sällan uppfostrade med att gärna visa glädjen men hålla tillbaka ilskan eller ledsamheten. Allt du håller kvar stannar kvar. Släpp ut vad som är. Erkänn det som är. Det är ett sätt att lära känna sig själv – och det är meningen med livet.

Att släppa ut ilska innebär dock inte att agera i ilska. Du har ingen rätt att utöva våld på annan eller annat även om känslan av ilska tycks ge dig rättigheten för stunden. Du måste ta ansvar för din attityd och ditt agerande, men du har all rätta att släppa taget om energin av ilska, känslan ilska.

Det är, som sagt, ingen tävling; så att må bättre än någon annan är inte ett självändamål. Att må bra i sig själv är ett sätt att förstå sig själv, ett resultat av att ha förstått något om sig själv.

Varför jag rekommenderar att skriva ner dina tankar är för att det klargör dig. Det du har aktivt i dina tankar, i ditt huvud, dagligen, är ett upprepande och om du får ner det på papper så har du tagit det ut ur din hjärna. Där kan du beskåda det. Du kan få distans och kan se det med lite andra ögon.

När vi lär in något är det bra om vi engagerar flera sinnen samtidigt. Att se, att lyssna, att säga, att känna och att smaka, ger dig ett intryck och du tar in det från flera håll.

Då du tagit ut dina tankar och skrivit ner dem - du känner att du skriver ner det, du ser det framför dig, du läser det du skriver både då du skriver det och efteråt och du hör att du läser det. Denna enkla teknik gör att du blir mera logisk i ditt förhållande till dina tankar. Du kan se det utanför dig, du kan förstå det som ett uttryck inte nödvändigtvis som ett intryck. En effekt från det som är du och inte nödvändigtvis en etikett på det som är du. Du avdramatiserar det genom att ge det en logik som inte nödvändigtvis har ett emotionellt engagemang från dig. Där kan du finna en ny värdering om det, en ny värdering som ger dig en ny känsla och ett nytt bättre mående.

Dagbok har denna funktion för många. Vi har tyvärr bytt den handskrivna dagboken mot spontanskrivandet på sociala medier och där missar vi något väsentligt. När vi slänger ut det vi känner till allmänheten så vet allmänheten ingenting om hur det känns för dig utan de kan bara känna efter i sig själva och relatera med sitt liv och erfarenhet. Du kan få tips som inte alls har med dig att göra och därför inte ger dig något av värde, de kan till och med vara helt vilseledande och föra dig i annan riktning än du önskar.

Du kan dessutom uppleva att din integritet är sårad. Kom dock ihåg att – känna sig kränkt är ett val. Det finns en funktion i integriteten - att känna att det finns en bit av dig själv som du själv har hand om, bara du, är en av flera saker som ger självkänsla. Självkänsla är det värde du ger dig själv, den kärlek du har till dig. Det hjälper dig att dra gränser, både för andra och även för dig själv.

Det finns fyra stolpar jag använder att luta mig mot.

1. Var sann – tala sanning.

Ju mera du övar dig på det desto bättre blir du. Kom ihåg att allt du gör ofta blir du bra på.

Jag vet att mitt åttiotal var en period jag, efteråt, lärde mig mycket på. Jag hade svårt att bara följa min innersta ärligaste sanning. Meningen med livet då var tydligen att vara så stark som möjligt, så rik som möjligt och festa så mycket som möjligt.

Jag tränade på gym mer än vad kroppen och psyket önskade, jag jobbade mera än var önskvärt eller nyttigt, jag festade mera än som innerst inne var roligt och hade flera sexuella kontakter än jag, i ärlighetens namn, hade lust med.

Detta leverne gav mig obehagliga känslor som var kvar i kroppen alldeles för länge. Det tärde på mig långsamt och jag kände innerst inne att jag inte var sann mot mig själv. I början på 90-talet hamnade jag i fängelse ett par gånger och på sjukhus en längre period.

När jag kom från sjukhuset, efter att ha varit där i nära tre månader i sträck, sa jag – ”Nu ska jag vara mera sann mot mig själv”.

En sådan resa, en sådan stark negativ energi med den farten och som hållit på så länge, lyckades jag dock inte vända i ett nafs. Men varje dag sa jag till mig själv att vara mera sann. Jag övade på att vara uppriktig med den innersta ärligaste sanningen som hela tiden gav mig signaler om vad att välja, vilken väg att gå, så undan för undan blev jag bättre och bättre på det.

2. Ta inget personligt.

Kom ihåg att allt en människa gör, säger eller ger dig på annat sätt, är en presentation av den människan och inte en bekräftelse av dig. Om det den människan säger eller gör känns som sanning för dig är det för att du håller med och då är det du som ger dig själv samma som den andre försöker ge dig.

Om en person vill ge en annan person en present men den andra personen inte vill ta emot den, vem äger då presenten? Den som vill ge men inte får ge presenten äger naturligtvis presenten fortfarande. Samma sak gäller för agerande och känslor. Det spelar ingen roll hur mycket en

person pekar på dig då den säger vad den tycker
så är det dennes känsla och enbart dennes, så till
vida att du inte tar emot den.

Det spelar alltså ingen roll om du får bannor eller
beröm så beror det till stor del på hur den som ger
det mår. Och kom ihåg att en båt inte sjunker på
grund av vattnet omkring den utan på grund av
vattnet inuti den.

3. Ta inget för givet.

Det innebär även att ingen förväntan behövs och
självklart inga förutfattade meningar eller
fördomar bör finnas i dina tankar. En vanlig
förväntan vi tycks ha är att om jag ger dig något så
förväntar jag mig att få något tillbaka. Det är
kanske det vanligaste förväntan. Kom då ihåg att
en gåva är något du ger utan förväntan och att ge
med förväntan är ett lån och en skuld, alltså ingen
gåva.

4. Gör bara så gott du kan.

Denna regel är kanske den viktigaste. Jag har läst
eller hört att andra säger "gör *alltid* så gott du
kan" men jag får en känsla av att jag "går upp på
tårna" då och det är inte behagligt.

Du kommer kanske inte alltid kunna vara helt
sann. Du anser kanske att det finns utrymme för
en liten lögn ibland? Hur som helst, var så sann du

kan så ofta du kan. Det renar dig, det renar varje cell i din kropp, det renar dina tankar och dina känslor. Det ger dig självkänsla och vitalitet.

Du kanske inte lyckas att inte ta det personligt. Den direkta känslan på det som sägs kanske kan såra dig. Det kan ta ett tag efter då du förstår att en människa som inte mår bra har svårt att ge, göra eller säga något bra och en människa som mår bra har svårare att ge, göra eller säga något dåligt. Den insikten kanske kommer i ditt inre resonemang efteråt men ju oftare du övar dig på att ta diskussionen med dig själv desto bättre blir du.

Du kommer kanske inte alltid lyckas med att inte ta saker för givet, att inte förvänta dig något från nästa människa. Du kanske inte alltid lyckas med att inte ha fördomar, att inte dra alla över en kam till exempel, men om du övar dig på det blir du bättre. Kom ihåg att en besvikelse kräver en förväntan och utan förväntningar ingen besvikelse.

Klandra dig inte för det, du övar dig ju bara. Det finns inte ett mål du behöver nå, det finns bara en riktning att gå. Världen och livet är inte trasigt och behöver alltså inte repareras, du behöver bara skapa i din ärligaste innersta sanning genom att vara, vara den mer och mer medvetna skaparen av din verklighet.

Det är lugnt. Du är på väg åt rätt håll.

När du blir ännu mera sann mot dig själv och allt mer släpper taget om gamla beteendemönster som inte tjänar dig längre. När du då börjar förhålla dig annorlunda till dig själv, till andra och till livet är det inte alla som kommer att förstå eller ens tycka om dig.

Du kan bli ifrågasatt, anklagad och skuldbelagd. För de runtom dig vill ha dig som du alltid har varit. De kan projicera sig själva på dig, sin egen oförmåga att förändras och besvikelsen över det för att slippa titta på sig själv, för att slippa erkänna sig själv och för att slippa ta ansvar. Detta kan innebära att du, inte så sällan, känner känslor av tvivel, skuld och ensamhet.

Ensamheten kan komma och gå. För ju längre du vandrar på din sanna väg, ju fler faller bort.

Utbytet du tidigare hade uteblir, beteendet du tidigare accepterade kan du inte längre ta emot, kompromissen du tidigare gjorde kan du inte längre förlika dig med. Du kan känna dig annorlunda och olik andra. Svårt att hitta din plats och ditt sammanhang. Sakna mening och utbyte.

Men allt är som det ska. För det är du med mod som följer ljuset och går din sanna väg. Det är du som går i täten, det är du som växer och det är du som vägleder andra. Genom ditt inre ljus hjälper du andra att hitta sitt inre ljus. Genom dig sprids och växer sanningen, den sanning som gör dig lycklig.

Du behöver varken förklara dig eller försvara dig. Håll huvudet högt och bär dig med stolthet. Ditt sammanhang och de människor som ger dig mening kommer till dig så småningom. De som inte längre är med dig rinner liksom ut i sanden och nya människor kommer i din väg. Nya bekantskaper finner du är mera rätt, faller bättre på plats i ditt liv. Kompromisserna är färre och relationerna har mindre friktion och blir därför lättare.

Jag sätter inte mål jag tar bara ut en riktning. Det du tror att du är på väg till är på väg till dig. Ofta sätter vi riktningen mot något som inte alls är så vackert, så fantastiskt, som Guds plan för dig. Ofta, när vi föreställer oss målet, siktar vi betydligt lägre än vad som är i din möjlighet. Det som vill ditt högsta, ditt mest fantastiska, ditt mest kärleksfyllda *jag*, är på väg mot dig. Faktiskt står det dig alldeles intill och väntar på att du ska tillåta det komma in. Det är det enda du behöver göra i det här livet. Det absolut enda du har att göra är att släppa spärrarna, rasera murarna, släpp ner garden och erkänn dig själv.

Sanningen?

Vad beträffar sanningen så är det inte alldeles enkelt att bara påstå den. Det är flera påståenden som anses vara sanna. Finns det flera sanningar? Finns det variationer av sanningen? Hur kommer det sig i så fall att det finns det?

Två frågor är intressanta i framtagandet av sanningen: Hur är det? Vad fungerar? Dessa två frågor är kanske de viktigast frågorna som finns.

Men hur är det då? Om en sak ska förklaras så har åtminstone jag hört flera förklaringar om många saker. Vad är det som fungerar och i vilket syfte? Vi anser ju uppenbart att saker ska fungera på olika sätt.

Hur fungerar världen? Vad är en cell? Är allt energi? Om kol förstör världen varför använder vi den då? Om plast är farligt varför använder vi det då? Om det är farligt att röka varför finns cigaretter då? Om det inte är nyttigt att äta en viss mat hur kommer det sig att det tillverkas? Hur kommer det sig att vi stoppar i oss det som kan ge oss cancer, diabetes, infarkt eller andra sjukdomar? Hur kommer det sig att vi gör oss själva illa? Varför behandlar vi djur eller andra människor illa? Hur kommer det sig att vi tror oss förstå helheten genom att endast studera delarna?

Är det för att vi inte förstår att vi är alla en? Är det för att inte alla vet att allt är energi och att all energi pulsar så att en atom existerar endast en bråkdel av en sekund. Allt existerar endast en bråkdel av en sekund. Allt som någonsin varit och allt som någonsin kommer att vara existerar en bråkdel av en sekund. Alla möjliga variabler av det vi kallar dåtid och det vi kallar framtid existerar i samma bråkdel. Hela universum existerar en bråkdel av en sekund.

Om vi ska förstå tid, som är ett begrepp som endast existerar i vår kroppsliga upplevelse, så behöver vi kanske tänka att universum återskapas varje bråkdel av en sekund. Det du upplever som en följd av händelser är inte en följd av samma sak utan en ny händelse varje bråkdel av en sekund. Det du upplever, och som då upplevs som att det hör ihop i ett händelseförlopp, är alltså tusentals nya händelser, nya vibbrationella energetiska frekvenser, som du väljer (för det mesta omedvetet) att uppleva. Du skapar alltså inte verkligheten utan du väljer vilken verklighet du upplever eller snarare vilken verklighet du själv passar in i.

Nu hoppas jag att du inte klandrar dig för att uppleva obehag och trauma. Du är, i det mesta, inte medveten väljare av verkligheten. Det är otroligt liten del som den mest medvetne väljaren kontrollerar. Det är otroligt mycket lättare att kontrollera reaktionerna på det som händer än att kontrollera det som verkligen händer samt det som kommer hända.

Tänk att allt är samma ögonblick, samma bråkdel av en sekund. Tänk att det är det enda som existerar. Tänk att hela livet är denna samma bråkdel som visar olika varianter av sig själv. Tänk också att reinkarnation existerar. Det innebär då att alla som finns är en variation av det som är du. Det innebär att du har reinkarnerat flera miljarder gånger, eller rättare sagt, alla variationer av dig existerar samtidigt i samma ögonblick.

Tänk också att energi är allt som finns, det finns inget som inte är energi. Det innebär att det inte existerar en fläck, av den upplevda ytan, den existerande sfären, som inte är energi. Det innebär att allt hör samman allt är samma inget är separerat. Det innebär då att, om alla är samma, om allt är samma, så är du allt. Och allt du gör mot dig gör du mot allt. Allt du gör mot det du kallar "någon annan" gör du mot det som är du, mot dig.

Du har alltså aldrig mött någon annan än en variant av dig själv.

Hur kommer det sig då att vi dömer andra och oss? Hur kommer det sig då att vi vill äga mer än den du kallar nästa? Hur kommer det sig då att du vill ha mera pengar, utrymme, makt eller annat än den du kallar annan? Hur kommer det sig att du tror att du kan trycka ner någon och tro att du mår bättre av det?

Älskar du inte dig? Vill du förgöra dig? Är du kanske trött på att vara, att leva? Du kan naturligtvis dö men du kan inte sluta leva. Eftersom allt är energi och energi inte går att stanna så kan inte döden vara motsats till livet. Döden är motsats till födsel, det är det du kallar den kroppsliga upplevelsens start och slut i det vi, i kroppslig upplevelse, kallar tid.

Du kan naturligtvis göra vad som helst. Jag dömer dig inte, inte heller mig, som du förstår. Det du gör är ett av alla alternativ du kunde gjort. Du väljer efter bästa förmåga. När du förstår att du väljer så blir du noggrannare. Lycka till med det.

Det kan ju också vara så att så som jag ser det inte är sant. Men om denna variant av verkligheten finns så får man välja att ta den eller inte. Det viktigaste är kanske att du väljer själv.

De flesta väljer inte själv. De flesta låter andra välja åt en. Föräldrar, skola, religion, politik, sociala medier eller annat, kanske du anser är viktigare ledare än din innersta sanning. Du bestämmer naturligtvis men ställ dig gärna frågan; vad fungerar? Vilken sanning fungerar bäst för mig? Vilken sanning gör mig lycklig på riktigt?

Var självisk. Du behöver vara helt självisk i valet av sanningen som fungerar för dig. Det är en väsentlig skillnad på att vara självisk och egoistisk. En egoist agerar med en dold agenda, en vinning för sig av annans bekostnad i rädsla av att förlora. En självisk person tar med sig själv i varje beslut utan att tjäna annan fördel gentemot nästa utan enbart i sig själv. Den själviske åsidosätter aldrig sig själv i sitt agerande mot andra och ser alltså till att det som görs till andra görs av glädje, kärlek, exaltering i positiv anda – eftersom de är de bästa känslorna den vet.

En självisk person älskar en annan så mycket att den inte bryr sig om vad den andre tycker, tänker, säger eller gör. Den ser till att lyckan inte hänger på vad den andra tycker, tänker, säger eller gör, utan ser till att vara så lycklig som möjligt av egen kraft och lägger alltså inte det ansvaret på sin nästa.

Smaka på följande uttryck: "Jag älskar dig så mycket så jag låter dig tycka, tänka, säga eller göra vad du vill. Jag låter dig vara den du väljer att vara för din egen del utan att kräva att du tillfredsställer mig. Den kärlek jag känner är inte avhängt på ditt beteende utan på min förmåga att vara i samklang med den högsta, ärligaste sanningen jag vet och som alltså gör mig lycklig."

Detta är den själviska kärleken och därmed den kravlösa kärleken.

Kontrasterna bekräftar

Utan motstånd ingen önskan
Utan önskan inget hopp och förväntan
Utan förvänta ingen besvikelse
Utan besvikelse ingen erfarenhet
Utan erfarenhet ingen lärdom
Utan lärdom ingen framgång
Utan ljus ingen skugga
Utan kyla ingen värme
Utan Yin ingen Yang

Kontrasterna bekräftar
Älska de båda

Dina fysiska sinnen

Om vi utgår från det du ser så vet vi att du endast tar in det ljus som är möjligt att ta in med dina fysiska ögon. Det ljuset är inom vissa frekvenser, alltså de frekvenser som just ditt öga är anpassad att ta emot. Det finns flera frekvenser av ljus än de du kan uppfatta med dina fysiska ögon men du tar endast in det dina ögon är skapade att ta in.

Om du tittar på ett objekt så ser dina ögon även allt som är omkring men det är du inte fokuserad på så du uppfattar det inte. Om vi säger att det du tittar på är *ett* så kan det ditt öga tar in totalt kanske vara *hundra*. Låt säga det bara för att vi ska få ett perspektiv.

Om vi kallar det ditt öga kan ta in totalt för *ett* så kanske vi kan kalla alla frekvenser av ljus som finns för *tusen*. Låt säga det bara för att få en relation.

Om vi kan se en tusendel av en hundradel av det som finns att se kanske vi i princip ska uppfattas som blinda? Ändå uppfattar vi det vi ser som verklighet.

Dessutom så är det bara ljus som kommer in i ditt öga. Tappar och stavar i den bakre delen av ögat registrerar ljuset och vidarebefordrar det via synnerven till ditt syncentrum i bakre delen av din hjärna. Där skapas bilden, i ditt syncentrum skapas bilden.

Om två människor tittar på samma objekt och ser olika saker så förstår vi kanske att bilden skapas i din hjärna.

Om jag knäpper med mina fingrar så skapar jag inte ljud, jag skapar bara en frekvens, en vibration. Denna vibration når ditt öra och träffar din trumhinna som förmedlar den via hammaren, städet och stigbygeln, till hörselsnäckan som via hörselnerver påverkar ditt hörselcentrum och där igenom uppfattar du ljud. Det innebär att det inte finns ett ljud om det inte uppfattas av ett hörselcentrum. Det innebär även att ljudet är skapat i din hjärna och kan därför uppfattas olika för olika människor.

Likadant är det med de andra sinnena som doft, smak och känsel. Allt detta är en tolkning av den frekvensen av energi som kan påverka dina sinnen. All frekvens som kan uppfattas av dig är inte all frekvens som finns. Du är begränsad till vissa grader. En hund har både bättre luktsinne och hörsel och en orm har i regel bättre förmåga att ta upp rörelsevibrationer är en människa. Det är evolutionens effekt. Vi blir bra på det vi övar oss på och som är nödvändigt för vår överlevnad. Det innebär att du och jag kan förändra förmågor i oss genom att öva oss. Jag vet hur jag har övat på att öka min känsel i mina fingrar för att bättre förstå vad som är i en annan människas kropp. Eftersom jag jobbar som komplementärmedicinsk terapeut och gör olika behandlingar så är förmågan att kunna känna senor, muskelfibrer och annat viktigt. Jag har suttit åtskilliga timmar med att försöka hitta till exempel ett hårstrå under ett papper och sedan två papper och sedan tre o.s.v. Jag har även spenderat en hel del tid på att med händerna försöka hitta elkablar i väggar eller spänningar i virke som tvingats räta på sig eller böja sig för att bli den möbeln eller annat människan bestämt. Det har bidragit till att kunna känna olika spänningar, olika energier, i en annan människa eller djur. Kom dock ihåg att det som kommer till oss genom de fysiska sinnena är filtrerat av den förmåga vi har och tolkat i oss. Så det innebär att det du ser, hör, doftar, smakar, eller känner i dina händer, *är* inte förrän det tolkats av oss. Det innebär då att du aldrig upplevt något utanför dig själv. Det du kallar verklighet är skapat i dig.

Jag jobbar också emellanåt som medium och då behöver man koppla bort det du känner till som dig. Om du ska låta din intuition få optimalt utrymme behöver du reducera det du uppfattar som din person, din persona. Du skall lägga egen värdering helt åt sidan och vara endast en förmedlare av vad som kommer genom dig. Intuition är något vi kan öva oss på, öva på att tillåta. Det är tilliten till processen, till att allt är energi och att vi alla är ett, som är intressant här. "Att öva sig på" kan låta som en ansträngning men att tillåta, i det här fallet, är den otvungna, avslappnande, i kärlek överlämnande, underkastelse till det högre allsmäktiga.

Fantasi

Om vi backat tiden femtiotusen år eller mera så fanns det flera raser av människa. Det fanns Homo habilis, Homo erectus, Neandertal, Homo sapiens med flera. Den rasen som dominerar idag är Homo sapiens. Det spekuleras om hur mycket vi kan vara blandade. Det finns säkert DNA från flera sorter i oss men det försöker jag inte gå in på här.

Jag skriver raser och det är för att jag tror att vi har samma ursprung, samma art. Jag tror även att de första Homo sapiens var riktigt svarta i huden och de som är idag är, mer eller mindre, blekta kopior. Det finns alltså inga "vita" människor utan endast mer eller mindre blekta Homo sapiens. Det kan innebära att rasfrågan som existerar idag kan läggas ner. Det finns en ras – Människorasen. I vilket fall så existerar inte olika värde på olika liv – och då menar jag alla liv. Jag ser ingen skillnad på människor, katter eller träd – allt är liv.

Det som gjorde att Homo sapiens är den dominerande sorten av människa idag kan bero på en specifik intelligens, en begåvning, som var mera utvecklad i Homo sapiens än de andra raserna. Den begåvningen kallar vi för "fantasi", förmågan att föreställa oss det som inte uppenbart är synligt för våra fysiska ögon.

Fantasin gjorde att vi kunde kommunicera om det som inte var det absoluta närvarande. Vi kunde prata om hur att göra saker innan de gjordes och då också föreställa oss resultatet. Vi kunde prata om någon som inte var där just då. Det kan kallas för skvaller men är en effekt av en begåvning som har tagit oss fortare fram än de andra raserna.

Fantasin kan ha hjälpt oss att lista ut saker. Som till exempel om vi gått i skogen och hittat körsbär, plockade några och gick vidare. Vi åt dem och spottade ut kärnorna på vägen. Om vi då gått samma väg året därpå och såg att körsbärsträd var på väg upp ur marken där vi spottat kärnor, kunde vi med hjälp av fantasin lista ut att trädet växer ur kärnan. Om vi då tog flera kärnor och bestämde en plats att gräva ner kärnorna på så kunde vi komma tillbaka till samma plats varje gång vi ville ha mera körsbär åren därpå. Detta kunde vi då ha listat ut att göra med alla möjliga andra växter. Undan för undan när vi hade allt vi ville ha på samma plats kunde vi bosatt oss i närheten. Det kunde ha gjort att vi hade mera tid till annat, till exempel föröka oss. Allt eftersom kan det varit så att Homo Sapiens befolkade planeten snabbare än andra raser av människor.

Jag försökte inte i denna förklaring vara korrekt i form av fakta. Jag ville bara försöka ge er ett exempel på effekten av begåvningen fantasi.

Föreställ dig en händelse, ett agerande eller en sak. Hur känns det när du föreställer dig det? Känslan ger dig en mer eller mindre övertygelse om saken. Är det rimligt? Om du uppfattar det rimligt i så stark grad att du tror på det är det din sanning.

Din sanning – inte nödvändigtvis den ultimata sanningen. Styrkan på din övertygelse är avgörande för hur sant det är för dig.

Om du accepterar det som din sanning och fundamentala övertygelse så är det din energetiska status. Du är alltså, i din absoluta övertygelse, överens med det du anser är sant. Alltså är du matchande, frekvensmässigt, med det du tror på. Du och det du anser är sant är energetiskt i samklang. Det som är du,

frekvensmässigt, är det som skapar det du kallar
för verklighet.

Kom dock ihåg att dina känslor inte är sannare än
fakta. Du kan vara övertygad om en lögn. I vilket
fall är det skapande av det du kallar verklighet.
Alltför vanligt är att vi agerar utifrån våra känslor i
sådan grad att vi får för oss att de är likställda
med fakta. "Jag känner att det är så här" innebär
inte att det är det – i sanning. På sociala medier
och i andra sammanhang agerar vi och utrycker
känslor inte nödvändigtvis sanningen – i min
mening sällan sanningen i form av fakta.

Ge upp

När ni är med i någon tävling eller lek så har ni säkert fått uppmuntrande rop från de som stått bredvid. Kom igen nu! Bättre kan du! Kämpa på! Ta i allt du har! Var aldrig nöjd! Ge inte upp!

Detta funkar bra för mig då det gäller sociala lekar och tävlingar. Till saken hör att jag inte är en tävlingsmänniska och har inte en "vinnarskalle" som tycks vara populärt att ha. Jag blir glad av att vinna men bryr mig inte ett dugg om jag inte gör det. En "vinnarskalle" ska väl, i princip, hata att förlora och det är helt meningslöst i min värld.

Dina hejarop tas alltså inte på allvar av mig, men tack ändå.

När det gäller livet för övrigt och arbetslivet så funkar denna "peptalk" snarare tvärtom för mig.

Livet går inte ut på att kämpa. Ju mer du kämpar ju större kamp. Jag är övertygad om att denna kamp är inget du innerst inne vill ha. Du vill inte ha ett kämpigt liv helt enkelt.

En utmaning är en annan sak för mig. Den innehåller en positiv bild, och utmaningen i detta är att förlika mig med denna bild så jag agerar med den så som en självklarhet och sanning.

Denna bild som ger mig denna känsla är skapad av mig och ingen annan. Den är accepterad av mig i min innersta sanning så som jag förstår den just då. Den får min själ att kvittra, mitt hjärta att sjunga då jag föreställer mig den.

De hejarop man kan få av kollegor eller chefer/lärare i arbetslivet eller skolan är i regel satta av dem och handlar om deras förväntningar, och jag har aldrig blivit peppad av att uppfylla andras förväntningar.

Jag blir glad när min bild, min tänkta föreställning som känns som sanning för att den är accepterad av mitt innersta, överensstämmer med verkligheten – eller tvärtom. Jag är glad av processen, alltså då överensstämmandet inte riktigt är där men nära. Detta kommer dock inte från någon annan än mig.

Om man tittar på människor som tycks vara glada så måste man kanske fråga sig om de verkligen är det eller om de bara lyckats dölja motsatsen? För att vara glad eller lycklig så är kanske ärlighet det första att vara - på riktigt och på djupet. Vad har den glädje man kan uppvisa för värde om den egentligen inte är äkta?

När man tittar på de folk som tycks vara lyckliga så är det ofta små samhällen och gärna på en plats, rent geografiskt, som inte är alldeles tillgänglig för den stora massan. Jag menar, det är nog svårare att åka till Butan eller Tuvalu än det är att åka till Stockholm, Paris eller New York. Om det nu är så att de är lyckligare i Bhutan än i Paris alltså?

En aspekt på de människor som anser sig vara lyckliga är att de känner människorna omkring sig, åtminstone känner till dem. De känner sig hemma och tillhörande av en grupp. Det tycks också vara så att de inte lever i nöd eller stort överflöd. Alltså ingen brist på mat eller det som krävs för att överleva men heller inget stort överflöd till saker utöver det. Det bör finnas en lagom utmaning i att lösa problem men om utmaningen blir för stor förvandlas glädjens förväntan till hopplöshet. Om överflödet är sådant att det aldrig dyker upp en utmaning eller problem kan känslan av att vara uttråkad infinna sig och det är inte heller i stunden lycka.

När man tittar på evolutionen av olika djur och växter så tycks det vara så att naturen inte ger någon mera än bara till överlevnad. Giraffen har fått en lagom lång hals för att få tag i den föda den strävar efter men den behöver fortfarande sträcka på sig rejält. Träden utvecklar den form som krävs för att överleva där den står. Fjällbjörken är krokigare än tallen som växer mitt i skogen eftersom tallen inte behöver vrida sig varken för vinden eller för att få tillräckligt med solljus. Tallen behöver bara komma upp tillräckligt för att kunna ta emot solen i dess krona och sedan sprida sina rötter för att kunna ta upp tillräckligt med vatten och mineraler från marken, varken mer eller mindre. Ansträngningen för de båda träden kan nog vara likvärdig. De tar liksom i endast så mycket som krävs för att överleva och har inte en strävan av överflöd.

Kan det vara så med oss människor också? Kan både brist och överflöd göra oss mindre lyckliga? Är ordet "lagom" det perfekta ordet? För mig har ordet "lagom" betydelsen - toleransvidden runt "perfekt". För mig är det ett ödmjukt ord.

Man kan kanske ifrågasätta sig om man känner att man mår dåligt om inte frysen är full eller bankkontot har en ansenlig marginal till behovet.

Enligt en FN-rapport från i mars 2019 är finländarna lyckligast i världen följt av danskarna och norrmännen. I rapporten har man mätt lyckan utifrån faktorer som ländernas BNP, sociala skyddsnät, förväntad frisk livslängd, frihet, generositet och frånvaro av korruption.

Det ser ut som att några har suttit på ett kontor och räknat ut att dessa folk borde vara lyckliga. Har de verkligen varit ute och frågat människor? (Obs, en personlig notering).

I en undersökning om var de olyckligaste människorna bor så kan man se i en Gallupundersökning från 2017 där de skriver att de frågat 154 000 människor i 146 länder och kommit fram till att de mår sämst i länder som Centralafrikanska republiken, Irak, Sydsudan, Tchad bland annat. Länder med en direkt hotbild av krig och därmed fysisk och psykisk smärta samt värderingar om värdet på människor som olika.

Om man tittar på rapporter av hur många som tagit livet av sig i de olika länderna så toppar listorna av Guyana, Sydkorea, Sri Lanka, Litauen.

Men om man jämför denna lista med de lyckligaste länderna så ligger Finlands statistik högt över Norge och Danmark i vad beträffar självmord.

Vad är då lycka? Kan det vara individuellt?

Om det är något som alla människor på jorden har gemensamt så är det strävan efter att vara lycklig. Frågan är bara hur vi blir det, eller snarare, hur vi mäter det. En högt uppsatt affärsområdeschef på Google, Mo Gawdat, har spenderat många år på att räkna på en formel som han påstår kan beräkna människors lycka. Eftersom han själv hade nått all tänkbar framgång, i förhållande till den listan som var kriterier för lycka, men ändå inte var lycklig, försökte han komma fram till sambandet mellan allt som gjorde honom glad.

Till sist kom han fram till en formel som visar vad lycka är. Enligt den är lyckan detsamma som differensen mellan våra förväntningar på livet, och vad livet verkligen är.

"Lycka handlar inte om vad världen ger dig. Lycka handlar om vad du *tänker* om det som världen ger dig," säger han.
Det Mo Gawdat pratar om är hur våra förväntningar på livet spelar en nyckelroll i hur vi uppfattar att vi har det. Om ditt liv möter

förväntningarna blir du lycklig, men om förväntningarna är högre än verkligheten blir du istället olycklig.

För att kompensera för vår uteblivna lycka är det många som blandar ihop lycka med att ha roligt. "Lycka är den där fridfulla känslan av att vara tillfreds och att gilla världen som den är," säger han.

"Roligt är den moderna världens ersättare för lycka. När jag inte kan uppnå det stadiet av lycka går jag ut och festar så att min hjärna slutar tänka. Så länge den inte tänker längre tror jag att jag känner mig lycklig."

Vår föreställningsförmåga spelar alltså roll här också. Kan det vara så att de som bor i relativt välbärgade länder tillåter sin fantasi om förbättringar skena iväg till så höga höjder att de aldrig tycks uppnås?

Så som jag ser det handlar det inte bara om att just föreställa sig det som jag tror jag blir lycklig av utan att tillåta föreställningen av lyckan vara själva problemet. Förväntan innebär att du bekräftar att du inte är framme. Önskan innebär att du bekräftar att du är i saknad av något. Du skapar det du lägger din energi på och med förväntan lägger du alltså energin på upplevelsen av brist. Du fokuserar på avsaknad av det du förväntar dig, det du önskar, och avsaknad är då din verklighet.

Uppskatta det du har. Ju större tacksamhet du kan känna över det du har desto mera anledningar till tacksamhet visar sig i din verklighet. Detta är ett sätt att öva sig och som matar dig med en energi som är önskvärd. Du blir vad du konsumerar och tacksamhet är den effektivaste skaparen av verkligheten. Om du däremot är tacksam i förväntan att få något så är tacksamheten inte äkta utan har en agenda om ett förväntat resultat.

Så länge du har ett mål så har du, i detsamma, bekräftat att du inte är där, i den situationen och med den känslan du förväntar dig. Alltså är du distanserad från det absoluta nuet.

Det existerar inget annat är nu. Detta lilla ögonblick är allt som finns. Denna lilla stund är ditt liv. Det som varit är inte nu och det som uppfattas som sedan är inte heller nu. Detta nu är det du har att ta hand om. Om du i detta nu lyckas föreställa dig ett scenario, en bild, som ger dig en känsla av nu, en känsla av att uppleva det som nu, så har du lyckats med den ultimata skaparvisionen. Känslan av att uppleva det som ett äkta nu, en pågående sanning, ger kosmos den energin för att skapa verkligheten.

Vad lägger du för energi på det som är nu? Om du är besviken på detta nu, detta ögonblick, beror det endast på att du minns något som inte är nu eller att du oroar dig över något som inte heller är nu.

Detta nu kan inte innehålla något. Detta lilla ögonblick kan inte innehålla något som ögonblicket ger dig. Detta nu kan bara innehålla vad du ger ögonblicket.

Vad ger du ögonblicket för energi?

Bör vi inte önska något? Ska vi inte ha några förväntningar? Kan vi leva utan förväntningar?

Nej det kan vi inte.

Vad vi kan göra är att ge detta ögonblick den uppskattning, den njutningen, du kan ge det. Det har säkert flera titlar men en vanlig är mindfulness. Det innebär just att vara i nuet. Om du tänker på framtiden så är det fantastiskt om du förstår att det du gör är i nuet, att framtiden är nu, närvarande i dina sinnen. Det innebär att den tänkta framtiden förstås som nu, erkänns som nu av alla dina sinnen. Detta upplevda varande av det som inte tycks manifesterats som fysiskt ges åtskilligt större rimlighet att manifesteras om din upplevelse är äkta. Till saken hör då att den tänkta framtiden inte innehåller en förväntan, en önskan, utan känns som självklar sanning.

Denna självklara sanning kan inte ges från någon annan. Den kan endast komma fram genom ditt prövande av förväntan och din ärligaste innersta sanning, prövandet av överensstämmandet mellan din föreställning och din innersta sanning.

När du hittar denna överenskommelse, denna matchning mellan föreställning och sanning, kan du inte undvika att agera i samma anda som det ger dig. Med denna känsla kan du gå genom eld och vatten, du kan spendera all vaken tid på just det du föreställt dig. När du hittar denna energi och av denna anledning så vet du i ditt hjärta vad ditt liv går ut på här och nu.

Jag menar att man kommer lättare fram till vad man ska göra, vill göra, är ämnad att göra, genom denna överenskommelse och drivkraft samt att drivkraften behöver vara kommen ur känslan av att det är helt sant. Sanningen förstås av att processen tydligt bevisar vägen och riktningen.

Jag får aldrig denna känsla av drivkraft från orden
"Kom igen!" eller "Ge aldrig upp!" snarare
tvärtom.

Ge upp! Ge dig hän till det som är på riktigt sant i
din innersta vilja. Släpp taget och åk med. Simma
aldrig motströms. Livets flod rinner som den ska -
åk bara med. Det finns inget du vill ha uppströms.
Du behöver inte ta dig till livsströmmens källa.
Inte ens vattnet i livets ström vill vara kvar i dess
källa.

Sluta kämpa! Var bara sann mot det som i din själ
driver dig. Gå din egen väg. Jag lovar dig att allt du
vill ha är dit strömmen tar dig, livsströmmen. Du
behöver inte ens simma medströms. Du kommer
inte fram fortare om du tar i. Slappna av och åka
bara med.

Njut av resan – denna resa du kallar livet.

Tillit

Tillit är något som kan behöva granskas, tror jag.

 Tillit kan läsas från båda hållen, är inte det fantastiskt? Tillit kan kanske betyda samma sak från vilket håll man än tittar på det, eller inte?

Tillit, att lita till, kan jag ibland undra över om det är nödvändigt. Måste jag ha tillit? Räcker det inte med att jag accepterar vad som än är? Eller är det samma sak? När jag accepterar har jag tillit, eller?

Behöver jag då gilla det som är för att känna tillit? Är det en del av upplevelsen? Behöver jag det lugnet eller kan jag lita på att situationen är osäker? Om jag behöver det lugnet, har jag tillit då eller är det inte så att just då tvivlar jag?

Jag vet människor där jag är säker på att det finns en dold agenda, att de inte är helt ärliga. Jag kan känna att jag litar på den vetskapen och i så fall förhålla mig till dem med att vara beredd på att bli

lurad och därmed inte ge dem, inte lämna ut
något som jag inte har råd att förlora, så att säga.
Då inte bara materiellt utan även emotionellt.

Om jag inte gillar det som är men jag litar på att
det är som det ska, eftersom det som är skapas av
det som föregick det, alltså den energetiska status
som manifesterade det vi upplever med våra
fysiska sinnen, behöver jag då utveckla min vidare
syn eller ska jag försöka bekämpa det som är?
Eller är det tillit att veta att det har skapats något
obehagligt just där och då?

Nu vet jag att din verklighet, det du upplever,
skapas genom dig. Den energetiska status du har
via din fundamentala övertygelse om sanning och
därmed värderingar, dina tankar och dina känslor,
din attityd och ditt agerande, kan inte uppleva
annat än det som på ett eller annat sätt inkluderar
dig. Du behöver alltså inte gilla det som visas för
dig. Du behöver inte ha positiva känslor för det du
upplever. Du behöver bara lita på att det är som
det ska.

Dina känslor förklarar bara något om dig.

Känslor, så som jag ser det, är den kommunikation
som råder mellan det eviga alltet, det kosmiska
allsmäktiga, och det medvetna DU. Med

fullständig tillit till detta kommer den acceptansen om att allt är som det ska till, åtminstone, mig.

Jag känner alltså fullständig tillit till kosmos och till mig men känner också att det är tillräckligt. Tillit till andra är inte alldeles nödvändigt.

Om vi gör eller säger något som vi senare ångrar är det naturligtvis bra om vi kan be om ursäkt. Att be om förlåtelse kan skapa tillit. Att be om ursäkt är ett enkelt sätt att erkänna att man står under utveckling. Om en annan människa förstår det och erkänner det skapas tillit. Det har dock getts otaliga ursäkter utan insikt om att stå under utveckling och därmed utan viljan att bli bättre. Sådana ursäkter är svåra att tas på allvar men, som sagt, det är inte nödvändigt för mig att ha tillit till nästa människa utan det räcker med att ha tillit till processen och mig själv.

Egot

Egot är en självrelaterad identitet som handlar om vad vi tror, i övertygelse, att vi är. Det inkluderar vår personlighet, våra begåvningar och talanger samt vad vi tycker om och inte. Egot är det som håller oss instängda i våra sinnen i ett pågående chatter som separerar oss från nuets ögonblick. Det är den identitet vi ger oss genom de historier, påståenden, vi konstant berättar för oss själva. Våra historier är, för övrigt, just historier. De avgör egentligen inte vem eller vad vi är.

Eckhart Tolle har sagt att ”Den vanligaste identifikationen av vårt ego är de tillgångar, ditt arbete du utför, din sociala status och erkännande, kunskap och utbildning, din fysiska framtoning, speciella förmågor, relationer, din familj och historia, dina övertygelser, din nationella tillhörighet, den ras du anser dig tillhöra, den religion som du knyter dig till samt andra sociala kollektiva preferenser du känns vid. Ingen av dessa är du".

Även då egot är en aspekt av mänsklig upplevelse är det inte den sanna essensen av vad du är.

När vi agerar från egot är vi uppslukade av vad som är rätt och fel, skuld och skam. Vi agerar inte från en kärleksfull utgångspunkt utan från en bedömande utgångspunkt. Vi agerar inte från känslan av "hur kan jag hjälpa eller vad kan jag ge" snarare "vad får jag ut av detta och hur uppfattas jag".

I lärandet av att identifiera de drag och beteenden av egot som tycks vara och sedan jobba mot ett annat medvetet val kommer drastiskt förändra ditt liv.

Här är tre tips att bemästra ditt ego och att komma till ett fridfullare och mera kärleksfullt liv.

1. Ta inget personligt.
    Ditt ego älskar att bli kränkt, det älskar att bli sårat och det drivs av smärta och konflikt. När vi väljer att bli kränkta tillåter vi vårt ego att ta makt över vårt liv och

accepterar den smärta det medföljer. Kom alltså ihåg att upplevelsen av att vara kränkt är ett val du gör.

För att komma ifrån denna situation behöver vi erkänna att kärlek är det naturliga tillståndet. Människor vill egentligen ha goda relationer, vara vän med alla och ha roligt och känna glädje tillsammans - och inget annat. Om någon gör eller säger något som får dig att känna obehagliga känslor, har du två val.

Du kan reagera och engagera dig i konflikten eller så kan du erkänna att denna trigger inom dig är en möjlighet till att utvecklas, att växa. Du kan välja att se det som sägs och görs av någon annan, som en projektion av deras eget ego och därför en presentation av dem själva och den övertygelse det tagit till sig. Slösa inte tid på egokamper. Spara det till kärlek och givandet.

2. Förlåt.
Egot älskar att ha rätt. Det bekräftar sig själv genom att vinna egostrider. Problemet är att det undanhåller dig från att göra det du behöver göra – att föra dig

närmare kärlek och sanning. Egot kan
tyckas var vackert i första anblicken, då vi
känner oss osäkra på vad och vem vi, i
sanning, är. När vi förlåter tillåter vi vårt
hjärta att öppnas och du släpper behovet
av att ha rätt och, framför allt, släpper idén
om att vinna i konflikten och därmed väljer
kärleken. Detta kommer från det större du,
ditt ärligaste, sannaste, du.
Att förlåta är inte bara att förlåta andra
utan dig själv också.

3. Släpp taget och observera.
    Släpp taget om att försöka ha rätt, försöka
    vinna, försöka synas eller höras. Istället
    observera, betrakta. Egot försöker bevisa
    sig själv och kämpar för att bli godkänd och
    älskad. Vårt högre jag behöver inget
    erkännande, inget godkännande eller
    kärlek från andra. Vårt högre jag vet att
    det ÄR kärlek. När du blir medveten om
    egot och dess behov att bli sett, hört och
    erkänt, öppnar du upp för acceptans av dig
    själv utan förväntan eller krav. Genom att
    betrakta utan förväntan ser du saker som
    de är. Du ser andra som de är utan
    bedömning om att de behöver

tillfredsställa ditt egos krav och förväntningar. I detta läge är det också möjligt att ansträngningslöst tillåta andra ge dig kärlek och att ge kärlek utan förväntan om att få tillbaka. Det är frihet.

Eckhart Tolle säger: "I det ögonblick du medvetandegör dig om ditt ego, är det inte längre ett ego utan ett gammalt mönster, en gammal stig som gåtts i omedvetenhet tills nu och är alltså hädanefter ett val. Egot kräver omedvetenhet för att existera. Medvetenhet, kunskap om egot och egot själv kan inte existera samtidigt".

Vi kan nog erkänna att egot har ett syfte, men när egot blir den dominerande funktionen i ditt sinne, missar du din samklang med ditt sanna jag. Med övning kan vi lära oss att bemästra vårt ego och leva ett liv som är mera kärleksfullt, behagligare och mera äkta.

Gandhi sa: "När egot dör vaknar själen".

Låt ditt ego dö; lite mera varje dag, så din själ får vakna och växa. Så att din frihet och glädje får växa. Så dina sinnen får lugn och ro. Välsigna ditt liv genom att släppa taget om ditt ego.

Många kan tycka att det är ett modigt val att ta. Egot kan vara så starkt att det försöker, i den inre dialogen, att på ett "logiskt" sätt bekräfta dess berättigande att existera. Det är inte alls modigt det är nödvändig för din personliga utveckling. Det handlar inte om hur svårt det är, det handlar bara om hur viktigt det är.

Mål och mening

Den värld vi lever i är väldigt målorienterad. Målet är det viktigaste. Oftast, inte så sällan i alla fall, handlar till och med dina affirmationer om målet och du mediterar över målet och endast målet. Det har sagts att om du fokuserar på målet så ordnar kosmos processen. Universum, Gud, kosmos, fixar hur det går till bara du ger resultatet din energi.

Om du backar tiden några år, låt säga tio år eller endast fem, vad hade du för mål då? Hur har det gått med dessa mål? Blev de uppfyllda? Fokuserar du fortfarande på samma mål eller har du nya?

Om du tänker efter så har kanske några mål visat sig på ett sätt du inte kunde föreställa dig. Det blev inte som du tänkte men det blev bra ändå. En del mål kan ha förändrats och en del har glömts bort, eller hur? En del mål blev till och du är väldigt tacksam för det, men visst finns det mål som inte blev till eller åtminstone inte ännu?

Om du fortfarande har samma mål och gör på samma sätt för att de ska uppfyllas, har då inte tanken slagit dig att det är något i det du gör eller i processen som inte fungerar? Har du då funderat på vad det är som inte fungerar? Har du rannsakat dig själv om den energin du är överensstämmer med den energin den verkligheten, målet, har som du vill vara i?

Du förstår säkert att den sista frågan jag ställde kan vara själva problemet. "...den energin du är överensstämmer med den energin den verkligheten, målet, har som du vill vara i?". "

Det är ju ändå så att den energin du är överensstämmer med den verklighet du är i.

Målet är oftast tänkt att komma, inte att vara, nödvändigtvis. Där du egentligen vill vara är i processen, den eviga processen.

Den sista dagen av det fysiska medvetandet kommer vara den dagen du dör.

Jag har berättat tidigare vad min övertygelse om döden är så ni vet att jag inte menar den sista dagen, punkt. Jag menar den sista dagen av ditt fysiska medvetande, din kroppsliga upplevelse.

Om ditt mål är att komma fram först så förstår du alltså vad du siktar på, eller hur?

Om du istället njuter av processen, det pågående och nuvarande, så vet vi att det som händer är för ditt bästa – som alltid. Ta varje tillfälle att göra så gott du kan, för stunden, av varje sak att göra något med över huvud taget. Om du ger varje ögonblick den kvalitén så kommer det som komma skall med samma kvalité.

Jag är övertygad om att du har haft mål i ditt liv som inte är viktiga nu. Det har alltså funnits önskningar som inte spelar roll idag. Det spelar ingen roll att de inte blev till och det spelar ingen roll att de blev till.

Kanske är det så att vi inte ska ha mål? Vi behöver kanske inte ens försöka lista ut vart vi hamnar om vi gör si eller så? Vi behöver bara njuta av det som är så gott vi kan så ordnar det sig. Var det inte det du ville ändå? Var det inte njutningen som var målet? Du kanske föreställer dig de där pengarna, den där båten, det där jobbet eller den där relationen, men var inte det för att njutningen vore så fantastisk då du skulle haft det?

Njut nu. Börja med det nu oavsett hur livet ser ut – så gott du kan. Livet är till för dig inte mot dig. Kom även ihåg att livet innehåller motstånd, problem. Det du upplever som problem är även det till för dig.

Jag vaknar varje morgon och tar det som det kommer. Har jag lovat att vara på en plats vid en viss tid så ser jag till att vara det och har jag lovat att göra en sak så gör jag det. I detta, det vi kallar jobb, sysslor, måsten eller nödvändigheter, njuter jag så gott det går. Den övriga tiden är den tid jag har att flyta med, att njuta av, att välja fritt så gott det går.

Problem är inte ett motstånd utan en möjlighet. En möjlighet att lära sig något nytt, att bli bättre på att lösa problem eller bara att tänka på annat sätt som gör oss mera flexibla. Det finns en lösning på varje problem och utan möjligheten att ta fram lösningen har vi väldigt liten utveckling. Vi kan tacka problemen för det.

Konflikt

Jag har många omkring mig som gärna vill förstå hur jag ser på livet, döden, energi, orsak och verkan, och så vidare. Jag är mycket tacksam för det, eftersom jag alltid lär mig något i detta klargörande av min fundamentala övertygelse och kan ibland ta ett steg till i förståelsen av vad som gör mig lycklig. Jag förstår att de som gärna pratar med mig om detta också vill förstå sig själva. Det är själva syftet av att bolla tankar med någon annan. Antingen förändrar man sin innersta övertygelse eller förstärker och klargör det man redan ser som sanning.

Om våra fundamentala övertygelser alltså är för långt ifrån varandra så kommer en sådan diskussion förstärka våra egna övertygelser och öka avståndet emellan oss.

Den enda chansen att vi kan närma oss varandra är om vi upplever att det den andra presenterar tycks ta oss närmare vår innersta sanning. Då menar jag att det behöver slå an en ton som attraherar den känslan vi innerst inne föredrar. Det innebär att det behöver röra vid något vi redan förstår, vi redan har en aning om. Om inte så är vi så långt ifrån varandra att vi inte kan ge oss annat än mera av det vi redan har, oavsett om vi mår bra av det eller inte.

Om diskussionen tycks handla om att försvara sin övertygelse istället för att ödmjukt försöka vidga vår bild, vidga vår förståelse för hur mångfacetterad livet, alltet, energin, är, så kan det bli konflikt.

Vad som än gör dig lycklig är den "rätta" vägen för dig just nu.
Det är liksom känslans funktion, att vägleda dig.

Obehagligheten visar att du är på en plats, i en situation, du inte vill vara.
Tack, känslan, för den informationen, för den insikten.

Behagligheten visar att du är på en väg som är mera överens med din innersta vilja.
Tack, känslan, för den informationen, för den insikten.

Kom ihåg - en konflikt kan inte äga rum utan din medverkan. Konflikten kan endast pågå inom den som fortfarande är aktiv. Om du fortsätter "diskussionen" inom dig så beror det endast på att du inte är nöjd med det du tycks vara övertygad om. Om din känsla är obehaglig under diskussionen bevisar det endast att du inte är i frekvens med, överens med, din ärligaste, klokaste, sanning. Då menar jag inte att du behöver vara överens med mig eller den du har konflikten med, men din inre diskussion beror på att du inte är nöjd med det du känner inför det konflikten handlar om eller att du innerst inne förstår att det finns ett ytterligare och mera behagligt sätt att se på saken. Om någon är dum och det känns obehagligt i dig önskar du att den var snällare. Om du är dum och det känns obehagligt inom dig önskar du att du var snällare. Om du anser att någon är orättvis så vill da att denne ska vara mera rättvis. Om du gör något som inte känns bra önskar du att du var starkare och hade mera självkänsla som då skulle göra att du blev noggrannare med att följa din ärligaste mest kärleksfulla vägledning och därmed vara mera sann mot dig själv.

Kom då ihåg att diskussion med sig själv i en obehaglig känsla har väldigt liten utvecklingspotential. Det du behöver göra då är att avbryta den obehagliga känslan.

Hur du gör det är varierande. Du kan lyssna på bra musik eller kela med katten/hunden eller äta något gott eller somna en stund eller ja, vad som helst som kan få dig att bryta känslan och därmed må bättre.

När vi kan se på "diskussionen" med en behaglig känsla så har utvecklingsprocessen fått fart igen. I det läget så lär vi oss något mera om oss själva och med det bli mera ödmjuk till alltet, till omgivningen och snällare mot oss själva och därmed varandra.

Vi är guld

Om vi ändrar all energi till guld. Låt säga att allt är guld. Föreställ er att allt som finns är guld, guld är allt som är. Vi är guld, alla djur är guld, all växtlighet och all energi är guld.

Om vi tar en bit av allt guld och gör en ring, en vacker ring. Vi tar en annan del av allt guld och gör ett halsband och en annan del och gör ett par örhängen.

Nu får ringen för sig att den är en ring, halsbandet tror att den är ett halsband och örhängena är övertygad om att de är örhängen.

Vi är fortfarande guld i grund och botten, vi är bara individuellt formade som ringar, halsband och örhängen. Det enda som hänt är att det du är har formats för att visa vad som går att göra med guld. Det räcker att vi smälts ner till den stora enheten som är allt guld igen så förstår vi att vi är en enhet, ett allt. Detta allt har inte ändrats i sig själv utan bara tillåtit visa vad som är möjligt att vara. När du smälts ner kan du bli något annat. Vad sägs om en ljusstake eller en klocka?

Om du är en fin klocka som visar exakt tid kanske du får för dig att du är viktigare, har viktigare funktion, än ett halsband eller en ring som, i ditt tycke, bara är till för att smycka en människa. Du kanske tittar på en guldmedalj som en massa människor tävlar om att få, de kämpar allt var de har och håller på att dö för att vinna den. Du ser upp till guldmedaljen i avund och du ser nervärderande på ringen som ytlig och utan djup mening.

I detta nu kanske du får för dig att du behöver vara mera ödmjuk. Inget kan vara mera missförstått. Du behöver inte vara ödmjuk. Ödmjukhet innefattar att du ser på din omgivning som olika med olika värden. Du behöver alltså inte vara ödmjuk; du behöver endast förstå att vi är alla ett. För visst är det väl så att du tittar upp på det du anser är bättre än du med ödmjukhet som grundar sig på avund och ser ner på det du anser är sämre än du med ödmjukhet som grundar sig på förakt? Om det är så behöver du inte vara ödmjuk utan bara förstå att vi är ett utan individuellt värde så som olika. Vi är lika värde både som individuellt uttryck av alltet och som en enhet.

Om du sedan anser att du egentligen menar vördnad när du säger ödmjuk så var vänlig och känn efter om din vördnad är för att du känner dig underlägsen eller överlägsen. Dessa till synes vackra ord kan innehålla svaret på din självkänsla, din självbild och eller ditt självförtroende. Det är tre värderingar som skiftar med tid, skiftar med känslor och vad som händer i ditt liv. Jag menar inte att du inte är unik, du är absolut unik i ditt uttryck av alltet, men om du ser olika på de som gett sitt uttryck, som är deras sätt att vara unika, av detta allt med en värdering i olika grader av bra eller mindre bra så kom ihåg att den versionen de representerar är för deras skull. Det är vad de skapat, vad de manifesterat, för deras skull och att det finns en större vetskap, än vad vi oftast har, om varför.

Om du då tänker att du ska låta det vara när du ser en människa i misär så ska du följa ditt hjärta, din själs väg, och göra det du blir lycklig av. Om du tänker att du ska undvika att säga ifrån när du ser orättvisor, eftersom de som blir utsatta manifesterat sin verklighet likväl som andra, bör du följa ditt hjärta och gå din själs väg. Många gånger innebär det att rycka in och hjälpa till andra gånger betyder det att gå därifrån. Vad som får din själ att kvittra eller åtminstone känns bäst är bäst. Om du fattar beslut i ilska, frustration eller ledsamhet så ger du situationen samma energi. Om du agerar i glädje, i inspiration som fyller dig med kraft av behaglig art ger du situationen samma energi. Du vet, i ditt hjärta, vilken energi du vill tillföra. Kom dock ihåg att då allt guld smälts samman så spelar det individuella uttrycket ingen roll. Din föreställning om att vara en klocka, ring eller medalj är en illusion som ingår i din kroppsliga upplevelse under din vistelse i den fysiska världen.

Vi är alla ett.

Manifestation

Att manifestera är ingenting du gör bara då du
bestämt dig för det, du gör det hela tiden, alltid.
Allt du är, energimässigt, är skapande av det du
kallar verkligheten.

Det är också så att du kan önska vad du vill men
inte komma få det om du inte *är* det du önskar,
om du inte är i din innersta övertygelse helt i
samklang med det du föreställer dig. Det mesta du
önskat i ditt liv har du inte ens trott på att få och
det mesta du har fått har du inte medvetet
önskat. Livet ger dig alltså en massa händelser
som du inte medvetet skapat.

Det mesta som går att manifestera är inte
manifesterat – ännu.

Jag tror att de flesta föreställer sig att en miljon kronor skulle vara svårare att manifestera än ett hundra kronor. Allt är energi och energi är allt som är. Det lilla är inte lättare eller svårare än det stora i förhållande till storlek eller mängd.

Tänker du på fred på jorden men är inte fred i dig själv så har du ingen påverkan på den ultimata freden på annat sätt än med att ge den mera tveksamma varierande mer eller mindre fredliga energier. Förmodligen börjar dina tankar vandra utifrån vad du kallar logik. Hur ska det kunna bli fred så som det ser ut i världen nu? I så fall måste ju alla sluta att vilja bestämma över andra. I så fall måste ju alla sluta anse att just deras tro på sanningen är den enda sanningen och att de som påstår en annan sanning måste ändra sig. I så fall måste ju alla förstå att allt är energi och att vi alla är ett…o.s.v. Innan dess går det ju inte. Eller hur?

Alla varianter som är representerade på denna planet är inte alla varianter som finns.

Det mesta som går att manifestera är inte manifesterat – ännu.

Prova. Testa denna eviga funktion. Ge dig en stund i stillhet. Ge dig en stunds uppmärksamhet. Vänd dig inåt och lyssna på dina tankar och dina känslor. Vad känner du? Vad tänker du? Det ena kommer före det andra. Oftast tänker du före känslan men sedan ger känslan flera tankar av samma sort. Det är inte alldeles enkelt att finna skillnaden mellan tanken och känslan men om du tror att du enbart reagerar på det som redan är manifesterat så har du inte känt efter tillräckligt noggrant.

Är du rädd, glad, vilsen, lycklig, arg eller annat? Var bara ärlig. Lägg ingen värdering på det du känner eller tänker låt det bara ske. Notera det kravlöst. Låt dina tankar vara, låt de skena fritt oavsett om de är behagliga eller obehagliga. Håll på så ett tag och se vilken verklighet som visar sig för dig.

Alternativt kan du försöka erinra dig om hur du tänkte innan en händelse som redan varit. En händelse som du kommer ihåg och som spelar roll för dig. Bra eller dålig spelar ingen roll. Det behöver inte vara direkt innan men perioden innan.

Vad kommer du fram till?

Jag vet att jag är begränsad av vad vi ibland kallar logik.

Jag känner också att precis när jag skrev "logik"
att det inte kändes så logiskt.

Jag tvivlar på mina önskningar allt som oftast och
är därför inte en bra önskningsmanifesterare
egentligen. Jag manifesterar det jag tänker och
känner mig överens med. Ibland blir det bra ibland
mindre bra men jag förstår hur det blir så och jag
förstår vad som skapar det.

Jag övar mig på att bli bättre och det blir jag
undan för undan. Någonstans i mig tror jag att jag
kan vara medveten om vad som är skapande men
inte kontrollerande av detsamma. Tror också att
försöka ha den kontrollen inte alls är nödvändigt
eller ens bra för mig. Behovet av kontroll är inte
en skön känsla så den gör inte att själen kvittrar –
så att säga.

Att vara medvetet manifesterande kanske inte är
lika lärorikt som att vara bra på att hantera vad
som än händer. Alltså att förhålla sig till det som
händer kan kanske vara viktigare än att
kontrollera det som händer. Jag tror att vi inte vet
vad som är bäst för oss alltid. Tror att det vi kan
önska inte alltid är det bästa för oss att få. Tror att
det finns visare, klurigare, intressantare, sätt att

komma dit vi ska än de sätt vi kan lista ut många gånger.

Tack för att jag inte vet allt men jag är övertygad om att vi inte kan lista ut konsekvenserna av det vi önskar. Om någon önskar evig sommar och sol så blir det till slut öken av det området den som önskar är. Så just vädret är nog bra att vi accepterar som det är. Har dock vänner som påstår sig kunna reglera vädret; men är tacksam för att de vill ha variation. Har andra vänner som önskade sig en villa att bo i, en sommarstuga, en båt, en motorcykel och två bilar. De var helt i sanning med sig själv då manifesteringen resulterade i exakt detta. Till saken hör att när de hade allt så kände de att de var helt låsta till att ta hand om allting.

Båten behövde sitt underhåll, villan och sommarstugan skulle målas om och renoveras och så vidare så till sist kände de att det fattades något – valfrihet och fritid. I det läget var det andra känslor som vägledde dem till andra beslut och som manifesterade senare ett annat liv. Jag lägger inte en värdering i det någon skapar i sitt liv. Allt har sin tid – ibland. Det är dock inte så sällan att det vi tror vi vill ha, för att vi tror att vi blir lyckliga av det, kanske inte resulterar i den tänkta lyckan. Då är det ju fantastiskt att vi har rätt att ändra på saker och ting. Allt blir bra till slut; och är det inte bra så är det inte slut.

Problem

Problem är till för att lösas – brukar vi ju säga. Jag menar att lösningen inte är till för problemet i huvudsak utan tvärtom. Problemet är skapat för att lösningen ska få anledning att visa sig. Hur skulle vi komma fram till alla dessa lösningar om inte problemen fanns? Utveckling skulle inte ske om inte det fanns problem. Problemen är till av godo. Det kan dock se väldigt illa ut med en del problem och det skapar stor oro och elände för en del, och då även för mig många gånger, men i det stora hela så ser jag positivt på problem generellt. Hur många vägval har man inte tagit, ändrat på, på grund av problem. Tänk dig att gå igenom ett liv utan problem, vore inte det fruktansvärt? Erfarenhet skapas väl av någon form av problem?

Själv vet jag att jag kommit hit till denna planet för att uppleva. Jag är här för händelsen och för att skapa, att manifestera. Om jag någon gång ser tillbaka på en svår period så har jag svårt att lida av den igen så att säga.

Förlåt, det var inte helt sant, det kan finnas saker som hänt som fastnat och gett mig en värdering som känns som en fortfarande pågående sanning.

Då tänker jag på andra saker som inte fastnat, som inte är kvar i mitt emotionella sinne, och känner att det är fantastiskt att gått igenom det utan emotionella ärr. Kan även se det så att vad vore jag utan den erfarenheten.

Positivt tänkande?

Det var en man, 1973, som jobbade med att reparera frys- och kylaggregat. Han gick in i en transportfrys på ett tåg och av misstag råkade låsa in sig. Han fick panik, bankade på dörren och skrek på hjälp, men ingen hörde honom. Tiden gick och han insåg att han skulle vara instängd till någon utifrån öppnade. Han började tänka att han skulle frysa ihjäl. Han hade en penna och började skriva på väggen vad som gick igenom hans huvud. "Jag fryser. Jag börjar känna mig riktigt kall".

Det är vanligt och helt normalt att när människor är instängda att de dokumenterar och rapporterar vad de tänker och känner. Det kan verka vara ett slutbrev, ett meddelande till eftervärlden och ett klargörande som, om det går så långt att de dör, förklarar hur det har gått till.

152

"Jag har gjort bort mig och av misstag låst in mig. Jag har en dålig dag. Jag har känt mig nedstämd och inte så klar i huvudet."

I detta läge är det inte ovanligt att de sammanfattar den senaste tiden som negativ. Det är en efterkonstruktion som inte skulle reflekteras över om de inte var i knipa och hade panik.

"Mitt äktenskap är inte så bra. Jag är inte tillräcklig för mina barn. Nu fryser jag riktigt mycket. Inget att göra än att vänta".

Mannen fortsätter mata sig själv med negativa tankar.

"Jag börjar bli matt. Det är svårt att skriva. Detta är kanske det sista jag skriver".

När det, dagen efter, kommer någon och öppnar frysen hittar de mannen död.

Till saken hör att frysaggregatet inte var på. Det var 14 grader Celsius i boxen och det finns luft så det skulle räcka i flera dagar.

Detta kan inte förklaras på annat sätt än att han pratade och tänkte sig själv till döds.

Den negativa övertygelsen är otroligt stark. Den är dessutom helt naturlig. Det är en funktion som har gjort att vi överlevt en massa faror genom tiden. Om det skulle vara så att vi inte är beredda på det negativa så utsätter vi oss för fara onödigt ofta.

Det vet journalister och politiker. Titta på genomslagskraften på en positiv och en negativ nyhet. Den positiva har inte en chans i jämförelsen.

Det är likadant med det du uttalar själv. Ditt fokus på det negativa är helt naturligt skapande av negativa saker, speciellt när du uttalar det, och inte så sällan i högre grad och snabbare än då du säger positiva saker. Till saken hör att du som gör det är troligtvis van och därmed inte reflekterande över det.

Kom ihåg att du kontrollerar det du säger. Då tänker du säkert "Men det bara kommer ur mig". Om det gör det är det endast för att du inte tänkt på det tidigare och därför inte försökt att kontrollera det, inte övat på att kontrollera det du säger.

Många tror att atleter eller de som lyckats i affärsvärlden har kommit dit på grund av vad de gjort. Jag anser att en större del av framgången beror på vad det avstått att göra. De har undvikit negativ påverkan. De har avstått att titta på nyheterna på TV, de har sållat bort de negativa människorna som har omgett dem, de har undvikit att äta och dricka vissa saker och avstått från den där nöjesresan eller "fredagsmyset".

Disciplin kan vara din bästa vän; och då inte alltid i positiv mening utan för att konstant disciplinärt avstå från det goda och det tillfälligt roliga i livet.

Mitt dilemma kan nog vara att jag nog bara är lat, bortskämd och avsaknad av det vi kallar "vinnarskalle". Åtminstone är det vad jag övat på.

Vad övar du dig på? Ifrågasätt dig.

Vår förmåga att göra saker beror inte endast på vad vi har lust att göra – även om det är det skönaste sättet att leva, enligt mig – utan vad vi känner oss tvungna att göra. Om du är i en situation som kräver något så är du kapabel att göra det, även om du hatar att göra det. Om din drivkraft är att rädda ditt liv så har du en motivation som slår många lustar. Om du dessutom är tvingad att rädda livet på ditt barn, din bästa vän eller kanske din hund, så får du inte sällan en drivkraft som slår de flesta fasta övertygelser av positiva önskningar och brinnande lustar. Den obehagliga, negativa, drivkraften är otroligt kraftfull och många gånger starkare än det du känner gör att själen kvittrar.

Otroligt många människor fattar dagliga beslut som grundar sig på att försöka undvika en sämre situation än att skapa en bättre. Om vi medvetandegör detta så tror jag att vi kan effektivare ändra, förbättra, våra liv. Kom dock ihåg att en intension, en vision, är en riktning, men att gå i den riktningen är en process, ett agerande.

Om du sätter mål är det en intension, en riktning, som bör ge dig motivation till agerandet. Om du är vanligtvis målfokuserad kan du dock vara mera resultatintresserad och jobbar, kämpar, inte så sällan utan glädje. I min värld så är det slöseri med tid i många fall. Jag vill inte göra saker utan lust, utan glädjen. Jag är bortskämd med att ha klarat mig med liten ansträngning i görandet. Det har dock krävt stor anpassning av annat slag. Ibland har det varit ett medvetet val och ibland har det känts som att jag råkat ut för något. Det är alltid en tillfällig känsla eftersom jag vet att jag skapar min verklighet men initialt har jag klandrat någon, något annat eller mig själv. Jag tackar min inre dialog för klargörandet som får mig att fatta beslut om vad att göra och vad att undvika för att förändra den då rådande situationen.

Många gånger kommer jag fram till att det jag strävade efter, det jag hade som mål, inte var det jag innerst inne ville ha. Ofta kommer jag fram till, då jag låter min inre dialog vandra fritt, att jag har väldigt låga ambitioner i form av vad att äga i form av saker eller att kunna i form av skicklighet. Den nuvarande glädjen är viktigare än den förväntade.

Du är viktig

Hur ser du på döden? Är det tomt, slut, ingenting,
eller är det fortfarande någonting? Om någonting
ska kunna upplevas behövs det ett medvetande. I
så fall föreställer vi oss att det är vi själva som är
medvetna, eller hur? Vi anser alltså att vi,
personligen, är så viktiga att just vi är medvetna i
all evighet, eller hur? Vi vill alltså lita på våra
fysiska sinnen så som se, höra, känna, smaka,
dofta, även efter vi har blivit av med den fysiska
kroppen som innehar dessa fysiska sinnen, finns
kvar som funktioner. Eller kan det finnas ett annat
medvetande? Är det ett kollektivt medvetande
eller är jag fortfarande individuell?

Är det ens viktigt? Ja, jag tror det. Jag tror att du
tycker det är viktigt hur du kan uppleva dig själv
här i det kroppsliga som då i det ickekroppsliga
varandet. Ni som tror på reinkarnation eller annan
form av fortsättning efter "döden" tror jag tror på
en individuell medvetenhet. Om den kollektiva
gemenskapen ska kunna upplevas behöver den

individuella känslan av denna gemenskap komma
från något du kallar för dig. Gemenskap upplevs
individuellt. Samhörighet upplevs utifrån en
individuell utgångspunkt annars är det bara du, du
och inget annat. Du är då allt, allt som är.

Hur känns det? Ensamt eller befriande, helt eller
tomt eller kanske på annat sätt?

Är kontrasterna alltid där? Behöver det vara så att
kontraster måste vara för att uppleva något? Kan
inte helhet upplevas om inte tomhet, saknad,
brist, är medvetet i samma stund?

Du är viktig. Det du kallar *dig* är viktig. Det du
kallar din individuella medvetenhet, upplevelsen
av dig, kan kanske kallas ditt ego eller ditt jag.
Utifrån den behöver vi förstå vår samhörighet,
vårt tillhörande av kollektivet.

Allt du gör mot någon gör du mot dig själv i ett
större perspektiv. Allt du gör mot dig själv gör du
då också mot andra. Inte bara mot andra
människor utan mot allt annat, djur, insekter, träd
och annan växtlighet men även mot hela
universum. Den energin du är ger energi till allt
annat. Den frekvensen du har sprider sig till allt
annat. All energi som är påverkar också dig. Du
behöver i din individuella upplevelse

medvetandegöra dels av vad du blir påverkad av men framför allt vilken påverkan du har på allt annat. Det är kanske inte så lätt att sortera i det som kommer utifrån och in men det går att öva sig på. Det är lättare att sortera i det du ger ut. Det är åtminstone lättare att öva sig på det.

Det finns en dag du kan göra något – över huvud taget. Det finns en enda dag du kan uppleva, du kan känna, du kan tänka, leka och bry dig om. En enda dag du kan hata, älska och vara fri. Du är så fri att du får tycka illa om dig själv – men du får även älska dig. Du är så fri att du får välja, du får välja av allt. Denna dag heter inte igår eller imorgon – den heter idag och stunden är nu. Det är även så fritt att vara så du inte behöver göra ett enda dugg – du är en varelse inte en görelse.

Skapa

Jag tillåter mig att spåna fritt i denna bok. Det gör jag för att den skrivs inte bara till dig som läsare utan för mig som författare. Det hjälper mig att klargöra mina tankar, känslor och därmed mitt agerande och min attityd.

Jag är novis av livet, jag står i början av mitt liv, så har jag alltid känt. Det spelar ingen roll hur gammal jag är, hur många år jag levat i detta fysiska tillstånd, jag vet att där är en enorm framtid, kanske evig. Den känslan har reducerat mycket stress och kanske tagit bort allt vad som någonsin kan kallas prestationsångest. Det känns som att jag inte har något behov av att prestera, att klara av saker och ting, det handlar bara om att må så bra som möjligt. Min förståelse av det har kostat en massa känslor av alla behag eller obehag, stora svängningar på emotionens skala. Det är därför jag tackar alla "problem" och övriga motstånd som har uppdagats i mitt liv eller snarare skapats av mig med hjälp av min omgivning som också är skapat av det som är jag.

Vi är här för att göra Guds arbete. Ni kommer ihåg att jag kallar energi i process för Gud. Det jag menar med det är - att skapa. Vi är skaparen. Vi har kommit till denna planet för att uppleva och att lära känna oss själva, men framför allt för att medvetet skapa.

Det är alltså omöjligt att INTE skapa. Skapandet pågår hela tiden och det görs av dig. Du lyckas att skapa hela tiden men om du känner dig lyckad i ditt skapande är en annan sak och på frågan om du är en medveten skapare kan jag säga att det alltid finns ett högre medvetande oavsett din upplevelse av det du kallar ditt.

En del jämställer "att lyckas" med stor ekonomi, mycket muskler eller makt över andra, respekt eller snarare att andra ser upp till dem och så vidare. Detta kan vara ditt ytliga ego som talar. Inte för att det inte ska få sitt utrymme men då i kontrast till ditt större jag. Jag anser inte att det skulle vara mera andligt att vara fattig än att vara rik. Om du anser dig vara bättre än andra för att du är rik ska du veta att det finns andra som tycker att de är bättre än dig för att de inte är det.

Snobberiet existerar i båda ändarna så att säga. Om din fattigdom skapar obehag i ditt liv så behöver du bli rikare och tvärtom. Jag anser att du har chansen att gör bättre för denna värld om du har resurser av olika slag och pengar kan vara en av de resurserna. För egen del vet jag att jag blir lycklig av pengar och om du har mera än du behöver har du chansen att bringa glädje till andra. Så om dina intentioner är goda och ditt hjärta sjunger för att lyfta dig och andra så hoppas jag du är rik som ett troll.

 Kom ihåg att kontrasterna är konstanta så förståelsen och insikterna kräver oförståelse i processen, självkänsla kräver tvivel i sin process, kärlek kräver hat och misstro i processen och frihet kräver tvång och isolering i sin.

Med insikt om kontrasterna blir vi kanske inte rädda för de obehagliga känslorna utan tar dem som den del av processen de är – alltså bevis om pågåendet och förändringen.

Är det något jag utvecklat i min förståelse av livet så är det tålamod. Det kan vara mig förunnat i accepterandet av processens mindre behagliga del så det får jag tacka för. Det krävs dock mindre och mindre av tålamod ju mera jag inser, eftersom obehaget är kortare och mildare i samma utveckling.

Grunden till nästa steg, grunden till utveckling, är lust och lusten grundar sig på nyfikenhet som bör innehålla ett ifrågasättande.

Det spelar ingen roll om vi är modiga eller inte, det spelar ingen roll hur trygga vi är. Det spelar ingen roll hur väl vi känner oss själva eller hur nöjda vi är – vi vill alltid ta ett steg till. Detta nästa steg kan kräva att vi behöver ifrågasätta oss själva.

Det vi bör tillåta är det eviga paradigmskiftet vi bidrar till. Tillåt dig förändra dina värderingar i grunden, tillåt dig släppa taget om det som inte gynnar dig eller det som tagit dig dit du är men inte längre. Tillåt dig följa ditt hjärta i det mest behagliga tillstånd du kan och helst då själen kvittrar.